李·艾柯卡

SHIJIE
MINGREN
ZHUANJI
CONGSHU

李 也⊙编著

少年
励志版
SHAONIAN
LIZHIBAN

世界名人传记丛书

北方妇女儿童出版社

图书在版编目(CIP)数据

李·艾柯卡 / 李也编著. —长春：北方妇女儿童出版社，2010.5
(世界名人传记丛书)
ISBN 978 - 7 - 5385 - 4589 - 0

Ⅰ. ①李… Ⅱ. ①文… Ⅲ. ①艾柯卡,L. - 传记 - 青少年读物
Ⅳ. ①K837.125.38 - 49

中国版本图书馆 CIP 数据核字(2010)第 072177 号

世界名人传记丛书

shi jie ming ren zhuan ji cong shu

总 策 划	李文学　刘　刚
编　著	李　也
责任编辑	张晓峰
插　图	戴　华
出版发行	北方妇女儿童出版社
	(长春市人民大街 4646 号　电话:0431 - 85640624)
印　刷	三河市同力彩印有限公司
开　本	787×1092 毫米　1/16
印　张	10
字　数	140 千字
版　次	2010 年 10 月第 2 版
印　次	2017 年 3 月第 6 次印刷
书　号	ISBN 978 - 7 - 5385 - 4589 - 0
定　价	18.00 元

前言

　　《世界名人传记丛书》精选出来的世界名人完全是基于客观公正的立场，兼容古今中外，从教育、文学、科学、政治及艺术等方面选出最具影响力的著名人物。我们在向少年读者介绍世界上这些著名人物时，把他们面临危机的镇静，驾驭机遇的精明，面对挑战的勇气，别出心裁的创新，以及他们的志向、智慧、风格、气质、情感，还有他们的手段、计谋，以及人生的成功和败笔，一并绘声绘色地勾画出来。让少年读者跟随他们的脚步，去认识一个多维的世界，去体验一个充满艰辛、危机和血泪，同时又充满生机、创造和欢乐的真实人生。

　　为了顾及少年读者阅读的兴趣和习惯，这些传记都避免正面冗长的说教性叙述，而多从日常生活中富于启发性的小故事来传达名人所以成功的道理，尤其是着重于他们年少时代的生活特征，以期诱发少年读者们的共鸣。尽管是传记作品，我们也力求写得有故事性、趣味性。以人物的历史轨迹为骨架，以生动的故事为血肉，勾勒出名人们精彩的人生画卷；多用有表现力的口语、短句，不写套话、空话，力戒成人化，这是我们在风格和手法上的追求。

　　书中随处出现的精美生动的插图，乃是以图辅文，借以达到图文并茂的目的。每一个名人传记的文后，都附有简单的年谱，让少年读者能够从中再度温习名人的重要事迹。

　　希望我们的少男少女在课外阅读这些趣味性浓厚而立意严肃的世界名人传记时，能够于不知不觉之中领悟到做人处世的人生真谛。

2010 年 8 月

序言

在大学校园里，无论是学经济的还是学工业的，老师都会向他们推荐《李·艾柯卡自传》这本书。

这本传记讲的就是艾柯卡的故事。

艾柯卡是个意大利移民的儿子。小时候，因经济危机的影响，家庭十分贫困。美国的孩子们也瞧不起他这个移民的孩子，但是他凭借着自己的努力，几经拼搏，做上了世界第二大汽车公司——福特汽车公司的总经理。

他为福特公司实现了每年盈利 18 亿美元的目标，他的年薪高达 100 万美元，而了解他的人都说，艾柯卡所挣的每一分钱都受之无愧。

可是，他却被福特公司解雇了。在离开福特公司前，他被安排在一个小仓库的办公室里上班，受尽了耻辱。

但是，他并没有被挫折和磨难打败，而是再次与命运抗争，担任了行将倒闭的克莱斯勒汽车公司的总裁，成功地令克莱斯勒汽车公司起死回生，并在 1984 年使这家公司赢得了 24 亿美元的利润，比这家公司 60 年利润的总和还要多！

他成了美国英雄的代表，人们纷纷请他竞选总统。

艾柯卡成功了。

他的成功并不是一帆风顺的，其间充满了坎坷、烦恼、痛苦和叹息。

他为自己的成功总结出几大要素：不能离开家庭、亲人的支持；无论在什么时候都不能放弃奋斗，也不能绝望；要时刻记住，只有辛勤的劳动才能得到成功。

编者 识

令人难过的盛宴

走过童年

"**当**——当——当",下课钟声响了。钟声打破了斯蒂文斯小学的宁静。树梢上的小鸟扑噜噜展开翅膀，在操场上空盘旋一周，看看没有什么危险，落到树枝上，随即又尖叫着飞起来。孩子们从教室里跑出来，在操场上奔跑、追逐着。

他们都有自己游戏的小圈子，一般不接受别的孩子参加，不过，如果是他们都很喜欢的家伙，就另当别论了。

这是一个阳光灿烂的上午，第二节课刚刚下课。

同学们轰地站起身，招呼各自的好朋友，教室里立刻热闹起来。

"亨利，亨利，去踢球吗？"

"米奇，我们到操场的东边，我有个秘密要告诉你，只告诉你一个人。"

……

利多站在书桌前，看着嚷着叫着的同学们，不知该不该把昨天家里盛大的宴会，向他们吹嘘一番。他不知道自己做错了什么事，同学们最近一段时间对他不理不睬，他成了不受同学们欢迎的人。有时，他想向他们说点儿什么，他们会皱着鼻子走开，嘴里嘟囔一句："意大利佬。"

意大利佬？

走过童年

定会！爸爸的言行为他不服输的性格奠定了基础。

在艰难的岁月里，爸爸说，太阳会出来的，一

1

利多弄不明白，这个词和自己有什么关系。他在美国地图上找了半天，也没发现同学们说的意大利佬这个地方。

可是，那是多么重大的宴会啊。昨天，也就是 6 月 13 日，是圣安东尼日。

这一天对利多一家人来说，是个大日子。

利多的妈妈，名字叫安东烈特，而利多自己，家里人和同学都喜欢叫他利多，他的名字利多·安东尼·艾柯卡的中间名，也是安东尼。

所以每年 6 月 13 日这天，利多家里都要举行盛大的宴会。

今年的宴会也一样，甚至比往年还要热闹。虽然经济萧条的阴影还笼罩在全家人的头上，但爸爸尼克邀请了所有亲朋好友、邻居，参加宴会，共同欢度这个日子。喝啤酒、唱歌、跳舞、吃比萨饼。

妈妈这天要做一个巨大的比萨饼请大家吃，大得让人难以想像。

木制啤酒桶横放在院子里，里面的啤酒太多了，好像怎么喝也喝不完。

爸爸尼克很快就红光满面了，坐在邻居们中间。

"哈哈，如果你说的是真的，我们为什么不去做呢？"

看来爸爸又得到了一个做生意的信息。他欢快地笑着把杯子和别人撞一下，仰头喝了一大口啤酒。爸爸习惯在这种时候，听邻居们说点什么，然后，他会根据这些信息，决定他下一步做什么生意。

利多呆呆地看着爸爸，很是羡慕。

他向妈妈跑去。

比他大两岁的姐姐迪尔玛拉住他。

"不要去，我知道你想做什么，可那是不可能的！"

"不做怎么知道不行呢。"

利多挣脱迪尔玛的手。

迪尔玛担心地看着利多。她知道，利多一直有个心愿，就是在圣安东尼日，能够得到大人的允许，喝一小点儿酒，以此作为他已经长大了的标志。

利多站在妈妈面前，涨红了脸。

妈妈忙得手忙脚乱，不断往盘子里放烤熟的比萨饼。妈妈做的比萨饼非常受客人们欢迎。烤炉的另一侧，那个巨大的比萨饼已经冒出了香气。

她注意到了利多。

"怎么，还需要比萨吗，我的利多。"

妈妈脸上含着兴奋的笑容，亲切地看了利多一眼，鼓励他说出自己的想法。

利多费力地向妈妈表明他的想法。他已经是个小男子汉了。在这样的盛宴中，男人们都在喝啤酒，那么他是不是也可以喝一点儿呢？

妈妈的表情严肃起来。

"我想，你要得到你爸爸的同意。"

爸爸还在和邻居高谈阔论。利多的心愿像小肥皂泡似的破裂了。可是，总得试一试，不是吗？利多低着头走过去。

爸爸对他相当严厉。

有一次，他只不过是和他堂兄打了一架，爸爸把他关在黑屋子里，关了几个小时，让他认识自己的错误。

"他一定会拒绝我的。"

利多想。

他站到爸爸面前。爸爸炯炯有神的眼睛，紧紧地盯着他。现在就算退缩也没用了。利多小声地向爸爸提出了自己的请求。

谁知，爸爸拍拍他的头："好的，小伙子，为什么不喝一点儿呢？不过，只能喝半杯，而且是葡萄酒。"

利多小心地为自己倒了半小杯红酒，一小口一小口地喝下去。他兴奋极了，这还是他第一次喝酒呢！

迪尔玛惊讶地看着利多。

他竟然真的达到了目的，简直不可思议！

迪尔玛大张着嘴的样子多可笑啊！而我已经成为小男子汉了，我还喝了酒呢！想到这里，利多下定决心，要把昨天的盛宴向同学们讲一讲。他打算从比萨饼宴会说起，最后再说那半杯葡萄酒。

"嘿，嘿！告诉你们，昨天我家里举行了一次大宴会。"

"真的？那是什么样的宴会啊？"

同学们围过来。利多没注意到，他们脸上布满了嘲讽的笑容。

"一次比萨饼宴会。"

"比萨饼宴会？比萨饼是个什么东西，怎么听起来土里土气的！"同学

们哄堂大笑。

"哎，你们不是都喜欢吃馅饼吗？比萨饼就是馅饼，不过，馅是番茄做的。"

利多试图向他们解释，比萨饼是一种多么好吃的食物，但他很快发现，同学们的兴趣并不在比萨饼上。

"土里土气的比萨饼！"

同学们异口同声地冲他喊。

说完，远远地跑开了，利多根本没机会向他们说那半杯红葡萄酒。

利多心里充满了愤怒！

一个声音在头脑中回荡：这是为什么？他们为什么要这么做?！

时间是 1933 年 6 月 14 日。

地点是美国阿伦敦城斯蒂文斯学校。

在这里读三年级的 9 岁的利多，深深地记住了这一天。

放学后，利多低着头走出学校的大门。

阳光下，街道两旁的树木，在他的眼里也是晦暗的，枝叶间鸟儿的鸣叫也是那么凄凉。不时有同学飞跑着超过他，远远地冲他扮鬼脸："土里土气的比萨饼！"

他跑进家门。

爸爸正在院子里侍弄他那几棵无花果树。

利多扑过去，抱住爸爸，委屈的眼泪忍不住掉了下来。

他抽泣着向爸爸讲述他今天在学校里的遭遇。

乐观的爸爸

爸爸拍拍他的肩膀。

爸爸对他虽然很严厉，但也非常慈祥。每当利多在外面受了欺负，或者有了难以解决的问题，利多就会扑进爸爸宽阔的怀抱，哭一场。而爸爸总能想出办法来。

"这没什么，孩子，他们不知道比萨饼，不知道那是我们意大利人最喜欢的食物。"

"我们不是美国人吗？"

利多惊讶地睁大眼睛。

在此之前，他一点儿也不知道，自己并不是美国人。

"是的，孩子，我们是美国人。不过，我们的故乡在意大利。本来，我不想让你知道的。"爸爸尼克爱抚地摸摸利多的头。

尼克 12 岁那年，离开意大利的家乡，来到美国。

初到美国，他投奔到了继母所生的哥哥家里。

哥哥在煤矿区开了一家日用品商店。

初到这里的尼克，对一切都感到好奇。

"这是什么？那是什么？"

他不断向哥哥发问。

哥哥不厌其烦地向他解释。但是，总在哥哥家里住也不是办法，无论如何要自己养活自己呀。尼克只读过小学四年级，找不到好工作，只有到煤矿做工。这是尼克惟一的选择。

煤矿里的活又脏又累。

尼克只干了一天，就找到煤矿老板。

"我不干了。"

尼克对老板说。

脏和累并不是尼克离开的原因，他有自己的想法。

"如果要挣大笔的钱，受雇于人是永远也做不到的。我要闯出去，当个企业家，只有当企业家才能够挣到很多钱。"

尼克先后在加雷特和阿伦敦做过好多工作。

做过鞋匠的学徒，还在一个叔叔开的热狗餐厅里干过活。他像一只小松鼠，把硬壳果一个一个地搬回树上的小窝一样，积累着钱，攒够了，就自己开了个热狗店，叫做"帝尔甫香肠之家"。

他回到意大利，接来了妈妈和自己的新娘。走过港口的自由女神像，尼克骄傲地想，美国，我们一家人终于在这里相聚了。

3 年之后，1924 年 10 月 15 日，利多来到了这个世界上。

爸爸指着面前的无花果树。他刚刚给它们松过土，浇过水。

"这是我移栽到这里的无花果树，对不对？它在阿伦敦这种冷热交错、严酷的气候里，邻居们都说，是不会活下来的，可是，你看，那是什么？"

利多看到，几片嫩绿的叶子，已经钻出树枝。

"它们活了。它们就像我们一样，原来并不是生活在这片土地上，但它们不管外界环境怎么样，还是活了下来。"

利多的眼睛亮了。

爸爸的比喻生动而且形象。

"我明白啦，爸爸。是不是真正的美国人并不重要，重要的是，不但要活下来，而且要出色！"

"你真聪明，我的儿子。"

利多蹦跳着回到自己的房间。

他打开书本。

"爸爸说我聪明，他才真的聪明呢。他简直是个做生意的天才。"

利多记得，经济大萧条前，爸爸开了两家电影院，其中一家叫做富兰克林，专门放映儿童电影，每到星期六，有许多小孩子跑来看电影。

利多和姐姐迪尔玛当然坐在最好的位置。

来看电影的孩子不是很多。

爸爸笑呵呵地站在门口，亮开大嗓门："快来看电影啊，脸最脏的10个孩子可以免费看电影——"

这个消息在孩子们中间传开了——富兰克林，脸最脏的10个孩子可以免费看电影！

这个消息多么鼓舞人啊。

脸最脏的孩子可以免费看电影！

孩子们蜂拥而至，纷纷扬起小脸。

"尼克先生，我的脸最脏！"

"先生，不是他，我的脸才是最脏的！"

爸爸笑着评出今天脸最脏的10个孩子。

"你们今天可以免费入场！脸最脏的孩子，这个称号你们当之无愧！"

被评上的孩子像得了勋章的英雄，昂着脏脏的小脸儿，唱着进行曲，排成队，甩着胳膊入场。那些没有评上的孩子，也不失望，自己买票入场，跟在队伍后面，齐声高喊："十个孩子脸最脏，十个孩子脸最脏！"

这一切对利多和迪尔玛来说，比好看的电影还要让人兴奋。

他们"哈哈哈"地笑倒在座椅里，你摸他的脸一下，他摸你的脸一下："谁的脸最脏？你的脸最脏。"谁的脸也不脏，妈妈每天都要敦促他们，把脸洗得干干净净的，才让他们出门。

回到家，妈妈已准备好了晚饭。

鸡汤煮牛肉丸！夹奶酪的意大利馄饨！

香气诱人啊。

多幸福！

可是，这种快乐无忧的幸福日子并没有过上多久。

利多7岁那年，他意识到家里出现了问题。

其实一切从1929年就开始了。华尔街证券市场出现崩溃，而华尔街经济恐慌引起的美国经济大萧条，像一阵风暴，刮向爸爸尼克的所有生意。家里几乎失去了全部财产——3座公寓，有时甚至要放弃供全家住的双层楼房。

"迪尔玛，你说，明天我们会不会没有住的地方？"

利多惊恐地问姐姐。

迪尔玛摇摇头。她也不知道，没有人告诉她这些。

不过她也看到了，家里吃的东西，变成了意大利玉米粥，最好也不过是5分钱的骨头汤。

而且妈妈也不再只待在家里做家务，也到衬衫厂做工去了。

"没关系，儿子，耐心等待，太阳总会出来的，一定会！"

爸爸从身后揽过利多，拉着他向外走。

院子里有一大群人，都是他们的邻居们，正要进行欢乐的聚会。即使在最艰苦的时候，家里的这种聚会还是照开不误。爸爸妈妈都是乐观的人，他们从没在利多和迪尔玛面前愁眉苦脸过。

利多用不相信的眼神看着爸爸。

"人的一生总会有顺利和不顺利的时候，无论是谁，都必须学会忍受悲伤和痛苦，而且只有经历了痛苦才会了解快乐的含义。"爸爸说，"经济大萧条！利多，我想，你该上学去学学经济大萧条是怎么回事了。"

爸爸真是个乐观的人，就算是在这种时候，他也是成天笑声不断，自己动手酿葡萄酒，请邻居们参加聚会，还把无花果树引种到院子里了呢。

利多微笑了。

窗外，树上的小鸟啾啾地欢快地叫着。一阵风吹过，小鸟跳到另一个枝头，继续快乐地鸣叫。

利多冲它做了个鬼脸。

该来的总要来的，爸爸说得对，太阳会出来的，一定会！

第 二 号

幸好，"比萨饼事件"发生在这个学期快要结束的时候。那些嘲笑利多，认为意大利的东西就不是好东西、意大利人也不怎么样的同学，在过了一个暑假，新学期开始时，已经把这件事忘了。

班里还有两个犹太孩子。

一个叫华沙，是个女孩儿；另外一个是正统犹太教徒的儿子，戴着一顶小黑帽。

这两个犹太孩子，成了那些同学的攻击对象。

同学们远远地躲着他们，走路都不和他们在一块儿走。

利多和华沙是朋友，同时也是竞争对手。

利多就读的斯蒂文斯学校，制定了一套学生们学习竞争的方法。

学校根据学生集体成绩，在每个年级分成多个小组，分到1——1 组的，是这个年级中最优秀的学生，每个学生，都在想方设法地努力，进入第一组。

同时，每个班的前三名学生，可以坐到特殊荣誉座位，也就是前排的头三个座位，每个月根据成绩调整。

第一名学生坐第一个座位，称为第一号，第二名称为第二号，第三名是第三号。

华沙几乎每次考试都是第一号，利多大多是第二号。

"唉，我怎么就坐不到第一号呢？"

这个月的座位次序刚刚排定，利多还是第二号，他为此感到苦恼。

他愁眉苦脸地走进家门。

爸爸看到他的神态，立即叫住了他。

"孩子，为什么是这种表情。有什么为难事吗？发生了什么不愉快的事了吗？"

"唔，我又是第二名。"

利多小声说。

爸爸是个要求严格的人，要求所有的人，像他一样尊重自己的职业。

他开的餐馆里，有一位女招待对顾客的态度不好，事后，爸爸立刻把她叫了过来。

"请问，你为什么上班的时候显得这么不愉快？没有任何人强迫你来做服务员，你板着脸孔等于告诉别人你不喜欢这个工作。你想做女招待，就应该努力成为世界上最好的女招待！现在你只能再换个工作了。"

利多担心，爸爸是否会不再让他上学了。

没想到，爸爸哈哈地笑了。

"孩子，你就为这个烦恼吗？告诉我，利多，你上个月最烦恼的事是什么？去年呢？"

利多摇摇头，他的确不记得了。

"看！你根本就不记得了！今天让你烦恼的事不见得怎么糟。忘了它吧，迎接新的明天。"

爸爸的话使利多备受鼓舞。

"要是华沙病了，我就是第一号了！"利多目光闪亮地对爸爸说。在班里，除了华沙，利多就是最优秀的。真的，要是华沙病了，不来上学，利多肯定能成为第一号，坐头一号座位。

爸爸吃惊地拉着利多坐到他对面。

"孩子，你在嫉妒。它不仅会让你眼红，还能毁了你。"爸爸盯着他的眼睛，"我给你讲个故事吧。"

爸爸的故事是这样的。

从前，有个国王，他有两个儿子。大儿子非常得宠，而小儿子却穿得破破烂烂。

一次，国王对小儿子说："我要为你做点儿好事，满足你的任何愿望。你是要和你体重一样多的金子，还是要一匹纯种的阿拉伯种马？你选择吧。"

小儿子说:"呀,爸爸,真是太棒了。给我一天时间,让我想一想。"

"当然可以,"然后,国王补充说,"但是既然你的哥哥比你大,不管我给你什么,我给他的将是给你的两倍。"

小儿子不高兴了。

这天夜里,他想着想着睡着了。第二天,他对国王说:"我已经想好了,我想要把我的右眼睛挖掉。"

这个故事使利多毛骨悚然。

他觉得自己就像故事里的那个弟弟,为了自己的利益,对竞争对手,竟然有了这么不善良的念头。利多感到,有一股冷汗,从头流到了脚,浑身都凉冰冰的。

"爸爸,我知道该怎么做了。"

他抓起书包,精神抖擞地走进自己的房间。

利多对爸爸充满了敬佩之情。

爸爸乐观,无论生活有多苦,他都对生活抱着积极的态度,拼命努力。自己百思不得其解的事,他很快就能够给自己找到答案。

我是多么的爱爸爸,多么爱这个家啊!我能为家里做些什么呢?从第二号成为第一号!

"利多,利多!"

他正专心致志地做功课,窗子被邻居小伙伴敲响了:"出来!"小伙伴们喊他,拼命向他招手。

他不理他们的叫喊。

小伙伴们还在喊他。

"请你们先走开。我现在正在做功课,做完了才能和你们玩儿。"利多对他们说。

利多明白时间要怎么安排才合理,什么是重要的,什么是次要的。

只有合理地运用时间,他才能得到他想得到的。

很快,他把要做的功课做完了。

伙伴们还在那里玩儿。

他跑过去:"下个游戏是什么?"

没有人同他计较,没有人不让他参与游戏。他们知道,先做功课,然

后再玩儿，是利多的习惯。

两份工作

第二天放学，在回家的路上，利多发现，一家超级市场开业了。

阿伦敦开业的这家超级市场，是美国最早期的超级市场之一。

超级市场门前，有许多小孩子，推着红色手推车守在门口，就像出租车等在饭店门前一样。每当有购物者出来，就替他们把大包、小包的东西送回家，购物者会给他们小费。

"这个工作，我也可以做啊。"

他飞跑回家，把自己的决定告诉妈妈。

"你想好了吗?"

"当然!"

妈妈沉思了一下。家里正在努力摆脱贫穷的困境。爸爸开了一家"全洲餐馆"，妈妈整天对着橱窗，搅拌意大利面条，吸引过路人进去尝一尝。在美国，要想取得成功就要竞争，而且要像上紧发条的机器人，不断地竞争，才能生存下去。

利多虽然只有 10 岁，已经想到要为家里减轻压力了。多懂事的孩子啊! 妈妈的眼睛湿润了。

"好——吧。"

迟疑一会儿，妈妈答应了。

利多做完功课，兴奋地跑出去，开始了他的第一份工作——食品运输。

天知道这个行业有多难。利多工作的时间只有放学做完功课之后，还有周末。除了周末之外，因为要做功课，每天他都比别的孩子去得晚，活自然也少。别的孩子来得比他早，有的已经有自己固定的客户了。

固定客户出来，会向其中一个孩子招手。

"嘿，彼得，快来。"

彼得就飞快地跑过去，不必再排在队列里。

而有了份活儿，购物的先生、太太们又是多么挑剔啊。利多走得快了点儿，他们会说："慢点走呀，别把饼干颠碎了，别把面包压坏啦。"要是利多放慢了速度，他们又说："你可不可以快一些啊，我的时间快被你浪费光了。"

总之，每个人的要求都不同。

利多始终记着爸爸的话，要尊重自己的工作。无论别人怎么说，他始终面带微笑，把食品送到家门口，还要帮着把这些东西放到应该放的位置。

他为此得到了第二份工作。

那是个希腊人，开着家水果零售店。利多替他把食品摆到厨房，他一直站在旁边，看着利多的举动。递给利多小费时，他说："或者，你可以每周的周末为我工作。"

"我能做些什么呢？"

"到水果批发总站，把水果运到我的店。我给你 2 美元，还可以给你一筐水果和蔬菜。"

每周 2 美元，每月 4 个周末，那就是 8 美元。多大的一笔数字啊，它会给家里带来什么?! 还有水果和蔬菜！利多想也没想，用力点头。

"当然，先生。我会努力去做的。"

到了周末，利多天不亮就起床，揉着眼睛，推着小手推车，赶到水果批发总站，把希腊老板要的水果，运到店里。一趟又一趟地往返，一天几乎要工作 16 个小时。

这年利多 10 岁。

推着里边装满水果的手推车，利多感到，这个小手推车，都要把他的骨头压断了。真累啊！利多真想把手推车停到路边，歇一会儿，但想想自己的辛苦即将给家里换来的那 2 美元，又用力推起了车子。

阿伦敦尘土飞扬的土路上，利多推着手推车，努力向前。走过街道拐角，利多忽然发现，路边有许多人围在一起。

又发生什么事了？该不是出车祸吧？

人群中间，一个大嗓门在怒吼。

"鬼车子，我早就该把它卖掉啦！"

利多听出来了，那是爸爸尼克的声音。爸爸有部哈雷摩托车，老式的。在阿伦敦小镇，爸爸是第一个骑摩托车的人，可神气了。不过，这部车子的质量太差啦，经常坏到路上。

"我现在就去把它卖掉！"

利多听到爸爸喊道。

人群闪开了，爸爸尼克推着摩托车走出来。

看到利多，爸爸对他喊道："孩子，不要相信两个轮子的车。它们会让你哭笑不得。"

爸爸说到做到，甚至从此再也不许利多骑自行车。

因为，自行车也少于四个轮子。

利多并没有像爸爸说的那样，放弃骑自行车。

自行车虽然也是两个轮子，但并不总是坏在路上。还有更重要的一点，小伙伴们都在学习骑自行车，我为什么不学呢？和小伙伴们骑上自行车，呼啸着冲上山岗，再急风似的刮下山坡，多棒！

利多看着小伙伴们在自行车上飞上飞下，不时传出阵阵笑声，心痒难耐。

"你们愿意把自行车借给我骑吗？"

"当然！"

小伙伴们爽快地答应了。

"但是，我们换个地方好吗？在这里，会被我爸爸看到。"

利多请求他们。小伙伴们都知道，利多的爸爸对他要求十分严格。他说过不允许的事，是绝对不会让利多做的。

他们来到一个非常空旷的地方，四下看看，根本不会有人经过。

"好啦，利多，你爸爸绝对不会到这里来的。"

利多放心大胆地踏上骑自行车。这辆他不熟悉的自行车并不可怕，他只担心被爸爸看到，惹爸爸生气。爸爸为生活操劳，已经够累的了，不能让他再因为自己生气呀。

他学得极快，不儿大，就可以熟练地骑自行车了。

有一天，他兴高采烈地骑自行车，在空地上转了一圈又一圈。忽然，他看到了姐姐迪尔玛从空地边走过。

他急忙跳下自行车，跑过去，脸色发白地拉住迪尔玛。

"你，不会把你看到的，告诉爸爸吧？"

迪尔玛摇摇头。

"我不会那样做的。"

晚上回到家，他忐忑不安地观察着爸爸的脸色。爸爸脸上并没有任何不快的痕迹，他这才放下心，偷偷向迪尔玛做了个感谢的手势。一连几天，利多都在为违反了爸爸的意愿而不安。不过，骑着自行车快跑的吸引力太强烈了，他还是背着爸爸，向朋友们借了几次自行车。直到他 16 岁，爸爸允许他自己开汽车了，他还是对自行车念念不忘。

福特汽车

爸爸果然把两轮的摩托车卖掉了。

这天，利多和迪尔玛正在房间里做游戏，院子里传来一阵轰鸣。接着，传来爸爸的喊声："利多！迪尔玛！快来看，这是什么？！"

爸爸的声音里透着掩饰不住的喜悦。

"快，我们快去看看，爸爸带回好东西了。"

迪尔玛拉了拉利多的袖子。

"好的，我等一下就去。"

利多把房间简单地收拾一下，跟着迪尔玛跑到院子里。

院子里停着一辆黑色的汽车，锃明瓦亮的车盖，四个车轮，圆圆的车灯……打开车门，一股好闻的皮革味儿扑进利多胸膛。啊！真舒服。

"这是一辆新车呀，爸爸。"

利多抚摸着方向盘，兴奋得不知说什么才好。

爸爸抓住利多的胳膊，亲吻着他的小脸儿："对，一辆新车，一辆福特车。"

当时，在阿伦敦，会开车的人都没有几个，更别说拥有一辆车了，而且是福特车。利多高兴得好几天没睡好觉，睡梦里，还梦到坐在车里，爸爸开着车，旁边坐着妈妈和迪尔玛，奔驰在阿伦敦郊外尘土飞扬的土路上。车子后面，烟尘滚滚，像条巨大的黑龙，而他们坐着的福特车，就是这条龙的龙头……

周末，风和日丽，轻风徐来，几片白云懒洋洋地浮在淡蓝的天空。这种难得的好天气最适合郊游了。一大早，爸爸把饮料、啤酒和各种食品装上车，把利多和迪尔玛叫醒。这是上周决定的，今天，一家人要到野外去郊游。

车子奔驰在土路上，利多终于看到了他梦中见过的景象：一条黑龙，始终追逐着车子，追呀追呀，追也追不上……

阿伦敦小镇外，有一个美丽的草场，三四头花斑奶牛，安静地啃着鲜美的草茎，慢慢地沿着小河，往上游走去。

爸爸把车停到河边。

潺潺流水，清新的空气，丰富的食物。爸爸妈妈沉浸在家人欢聚的良辰美景之中。迪尔玛忙着采摘野花，一把一把地撒到妈妈头上。利多却完全被崭新的福特车迷住了，提着红色小桶，下到河边，拎来清清的河水，擦洗车门和车轮。

爸爸走到他身旁。

"我很高兴，利多，你喜欢这辆车。"

"是的，爸爸，我喜欢它。我不明白，它有四个轮子，是什么力气使它跑得这么快呢？而且，我们还坐在车里。它怎么转弯？它平时吃什么？还有，如何突然之间速度快得像飞，一下子又慢了下来？"

利多希望能像以往那样，从爸爸那里得到答案。

爸爸笑了："孩子，这正是你在学校需要学习的东西。"爸爸拉起他，"来吧，孩子，到妈妈那儿去，我们现在要去消灭带来的食物。"

天色渐晚，那几头奶牛已经走得不见踪影了，风里面有了一丝凉意。

回家的路上，利多没有爬到后座，盯着车后那条黑龙大叫，而是静静地靠到座位里，想着在他脑海里出现、爸爸却没有回答的问题。

快到家时，利多听到啪的一声。随即爸爸把车停下，诅咒着推开车门，跳下车。利多也跟着下车。

"发生了什么事，爸爸。"

爸爸盯着其中一个瘪着的车轮，踢上一脚。

"又爆胎啦，这该死的！你跟妈妈先回家，我把车胎补好。"

"妈妈和迪尔玛回家，我要和你在一起。"

爸爸点点头，从车里取出工具，利落地卸下车轮，准备补胎。利多蹲在旁边看着，心里满是惊奇。

有人走过来，笑着和爸爸打招呼："嘿，尼克！"

爸爸头也没抬："嘿！"

这是个老朋友，参加过利多家里举行的宴会。

"有一家汽车出租公司要出卖，尼克，你感不感兴趣？！"

"当然！为什么不做呢。"

爸爸猛地抬起头。

出租车行业在美国刚刚兴起，敏感的尼克注意到，这个行业中有着巨大的经济潜力。

爸爸是个说做就做的人。不久，他便买下了那家名叫"你开它"的汽车出租公司，不断改进中，他的车队拥有了三十多部车，其中，大多数都是福特车。

为买下这家公司，尼克借了钱。

晚上，他在灯下把所借的钱记到小本子上。记完账，他舒了口气，对坐在身边的利多说："利多，记住，即使你在学校里借了两毛钱，也千万别忘了，把它写下来，免得忘了还给人家。"

利多明白，爸爸说的意思是，信誉是一个人做人和立业的根本，要是失去信誉，以后再也没有人愿意和你打交道了。谁会愿意和一个反复无常、说话不算话的人来往呢？

利多经常到爸爸的汽车出租公司去，帮着擦擦车，帮正在修车的爸爸递递工具什么的。更多的时候，他呆呆地看着汽车，一声不响，苦想着困扰着他的问题。

又是一天过去了，爸爸揽着利多的肩膀，问他："利多，你告诉我，你长大了要做什么？"

利多摇摇头。

长大以后做什么，他还从没想过。

"我认为你应该想一想了。"爸爸有点不满意，"一个小男子汉，在这个年龄，将来要做什么，直到现在还没有目标，就像是一辆车没有方向盘，怎么控制自己命运的方向？！"

利多羞愧地涨红脸，低下头，不知该向爸爸说些什么。

爸爸指了指院子里停着的车。

那些车闪着幽深的光泽，摆成整齐的行列，显得极有气势。

"你可以去做汽车行业，可以去制造，也可以搞经销。利多，你认为呢？"

爸爸的话好像打开了一个开关，利多的心里明亮起来。是呀，自己喜欢汽车，对汽车有许多疑问，如果进入汽车行业，就能揭开它的种种神秘。对！我长大了，一定要进入汽车行业工作。

利多的脾气很像爸爸尼克，一旦确定了目标，就要向那个方向努力，无论这个目标有多遥远。

生活不是永远公平

"艾柯卡，下课之后，由你来擦黑板。"老师站在讲台上，慈爱的目光一直停在利多身上。利多学习用功，做事也让人放心，老师真是有点儿不知该怎么喜欢他这个学生了。

"是，老师。"

老师夹着书走出教室，利多立刻跳上讲台，把黑板擦得干干净净，还打来一盆清水，把黑板擦仔细清洗了一遍。

擦黑板和洗黑板擦是一种荣誉。只有学习好，老师喜欢的学生，才能得到这个工作。而利多除了这两样工作之外，还要为学校敲钟。

许多同学都很嫉妒他。

利多知道，他背后，同学们的眼睛都在看着他，希望能找到他工作里的毛病，所以干得更用心了。

突然，肩膀被拍了一下，黑板擦不由自主地掉进了水里，溅出水花儿。

"你——"

利多扭过头，刚要发火，发现拍他的是他的好朋友吉米，又笑起来，用水淋淋的手抓住了吉米的手："有福同享，有水同沾吧。"

"不要闹，利多。听说了吗？纽约'洋鬼子队'胜啦！"

"真的?！太好啦！"

纽约"洋鬼子队"是一支棒球队的名字，利多和吉米是他们的忠实球迷。其中几个意大利后裔球员，是利多的偶像。利多他们也组织了一支棒球队，在这支球队里，利多还是主力队员呢。

"咱们应该庆祝一下。"

利多对吉米说。

"别急，我来并不是只告诉你这个消息，还有两个，你想不想听？"

"快说，快说。"

吉米把一直背在身后的那只手扬了起来，手里是本热门音乐杂志。这是利多订的，里面有许多知名乐队的介绍。对利多来说，除了棒球，音乐可以说是他的最爱。他喜欢吹中音萨克斯管，学校得知这个消息，特意找到他，让他当学校乐队的第一喇叭手。

利多小心地把手擦干。

"把它给我。"

"不，"吉米摇晃着手里的杂志，"听完另一个消息我才给你。"

利多只有洗耳恭听。他这个朋友，属于鬼精灵，不让他把话说完是不会善罢甘休的。

"学校要选举纠察队长了。"

利多心动了。

这个消息对于利多来说，比前两个消息更为重要。学校的纠察队员，衣服上挂着有白条徽章的绦带，走路昂首挺胸，神气得不得了。纠察队长和副队长就更神气了，身上穿着特别的制服，胸前还戴着徽章。

"好，我去参加竞选。"

利多在吉米的陪伴下，在班里报了名。

宣布选举结果那天，利多坐在下面，心里怦怦地跳个不停：自己到底会不会被选上呢？他看看身边的竞争对手，竟是一副毫不在乎，志在必得的神情。

选举结果出来了，利多得了 20 票，他的竞争对手得了 22 票。

利多心里空荡荡的，脑子变成了一张白纸。他感到，自己的身子不是自己的了，手也不是自己的了，似乎竟是那样的虚弱。

怎么会是这么一种结果呢？

那天，利多不知是怎么回到家里的。

第二天是周末，利多到电影院看周六下午场电影。

电影开始前，电影院里灯火通明，前排一个人忽然回过头来，盯着利多一阵冷笑。利多认出来了，他是班里长得最高大的一个同学。

"傻瓜蛋，你落选了。"

利多非常愤怒。

"我是输了，但你为什么要骂我傻瓜蛋。"

"因为，班里只有38人，却投出了42票，你连算术都不会，难道你还不是傻瓜蛋吗？"

灯光刷地熄灭了，四周黑漆漆的，利多看不到那个同学的冷笑了，只有前面的电影银幕闪着灰暗的光。

是啊，班里只有38个人，怎么会出现42张票？一定是竞选对手做假，多塞了几票。如果按38票计算，自己不但没有输，应该是打败了竞争对手，应该当选才对呀。

利多涨红着脸，找到老师，郑重地把这件事告诉了老师。他希望老师能主持公道。

可是，也许老师不愿在选举这件事上，再起风波了。她摸摸利多的头："让我们彻底忘掉这件事吧。回到教室去，马上要上课了。"

利多很纳闷，明明是错误的选举结果，为什么不纠正它呢？他心里很不痛快。他发现，生活里有许多事并不是永远公平的。

教室门开了，雷帕老师拿着一本《读者文摘》，微笑着走进来。

利多喜欢上雷帕小姐的课。刚开始时，她让他们每星期都交一篇500字的作文，持续了一年。利多就发现，自己已经学会用写作来表达自己了。

今天，雷帕小姐又有了新的方法，她拿来的《读者文摘》中，有词汇游戏。

"咱们今天要做一次测验。"雷帕小姐说。

测验是把《读者文摘》词汇游戏的空档，用正确的词填上。

利多深深地喜欢上了这种测验方式。通过这个测验，他认识了很多

词。那些词就像是小泥鳅，在大脑里游来游去。不过，只要被那个空档捉住过一次，它就再也逃不掉了。

"除了做测验，今天咱们还要进行一场辩论。"

做完测验，同学们分成两组，雷帕小姐清清喉咙，对利多他们说。

"辩论的题目是——是否应该废除死刑！"

利多开动大脑，搜寻可以作为辩论论据的材料，雷帕小姐的"开始"话音刚落，他便站了起来。

"我认为应该废除死刑。人来到世上，都有生存的权利。即使他犯了罪，可是还有生存的权利，因为生存权利是上帝给他的，他违犯的是人世间的法律，法律可以治他的罪；但法律是由人制定的，人怎么可以剥夺上帝给人的生存权利呢……"

雷帕小姐一直微笑着。

两组同学轮流发言，辩论之后，谁也没能说服对方。

"那么，两个小组请互相交换论点。"

刚刚自己坚持的，现在必须由自己去否定。

这多难呀。

利多沉思良久，站起身说："法律是社会的规则，每个人都参与了社会规则的制定，也就是代表了对这种规则的认可，当触犯法律时，就应该按这个规则惩处。死刑不应废除，作为法律的威慑，它能够使社会安定……"

利多发现，随着辩论的进行，紧张感消失了，他再也不害怕在人多的地方演讲，或者高声谈论自己的观点了，造句水平也有了提高。

这倒挺有趣儿的！

只这"是否应该废除死刑"，正面反面，利多反反复复各做了至少25次辩论。这种辩论很快见了成效，其他的同学再也不敢同利多争论问题了。利多暗笑，这应该感谢雷帕小姐可爱的辩论。

重病一场

雷帕老师的辩论比赛，渐渐改变了利多。

本来，他的性格有点儿内向、羞涩。雷帕小姐的辩论比赛，像一把小锤子，敲碎了他羞涩的外壳。

学校年终将举行歌舞剧演出，利多从没想过，自己也会去参加。

"台下那么多人，有自己的同学，也有不认识的人，眼睁睁地看着——呀，多让人难为情。我不能参加。不行，我害怕，我的脚在抖。"

现在利多改变了主意："我为什么不去试试？做自己不敢面对的事，才能锻炼自己的胆量啊。"

他找到剧团的组织者。

"我想报名参加年终演出，可以吗？"

"利多，我没有听错吧，你要参加年终演出？"

剧团组织者惊奇地睁大眼睛。

虽然，他早就知道，利多的爵士舞跳得不错，有时还到阿伦敦的帝国舞厅偷偷地跳上几曲。但他身边的人告诉他，利多是个羞涩的人，他不会上台演出的。

谁知利多自己找来，要求参加表演了。

组织者欣喜若狂，立即决定，由利多担任主角。

经过无数次精心排练，上场那天终于到了。

站在舞台后面，利多感到，胸膛里正奔跑着一只小兔子，不老实地跳来跳去，突然跳到胳膊里，又从胳膊里跳到大腿上，再从大腿跳到脚趾头。身子僵硬，很难挪动脚步。

该利多上场了。

他深吸一口气，以优美的舞步旋上舞台。四肢全部融入音乐当中，按照排练，完成了他的舞蹈动作。

台下一片寂静。

"难道自己的表演真的那么差劲儿吗？"

利多沮丧地站在幕后。

忽然，雷鸣般的掌声响了起来。

利多微笑着走到台上，向观众致谢。他知道，自己的演出成功了。

1939年，对利多来说是关键的一年。

这一年，他15岁，第二次世界大战爆发了。美国没有参战，远远地看着世界各地硝烟四起。所以，利多和他的同学们都没有意识到战争的存在，照旧打棒球，游泳，玩得不亦乐乎。

可是，利多病了。

急性关节风湿病，如同一座山，一刹那压到了身上，把利多压倒了。

这种病，在当时足以致人于死地，因为，根本没有特效药物可以治疗。

妈妈跑着找来大夫："快，大夫，我的孩子很痛苦。"大夫为利多做过全身检查，告诉妈妈："利多必须卧床休息。"

躺在床上的利多突然感到，心脏敲鼓似的激烈跳动着。

利多吓坏了："我的心脏，它，它要跳出来啦。"

"没事，没事，孩子，相信我，没事。"

爸爸抱住利多，安慰他。

大夫把冰袋放到利多的胸口，告诉他，不用紧张，有了这个冰袋就没事儿了。利多不敢相信，他觉得，死亡的阴影伏在他床前，正用深绿色的眼睛看着他。

"为什么要在我的胸口放冰袋？我要死了是吗？我一定是要死了。"

并不只是心脏，利多的关节也被感染了，他发着高烧。剧烈的痛疼，使他的手腕、肘部、足踝和膝盖都动弹不得。

大夫用棉花沾上冬青树油，放到他红肿的关节上，再用粗木板夹住。这在当时，是唯一可以用来治疗关节肿痛的方法。治疗感染用的是桦皮丸儿，因为酸性太强，会令人呕吐不止。所以，每隔15分钟，利多就要吃止酸丸来制止呕吐。

一躺就是六个月。

还好，发烧、关节肿痛这些症状很快消失了。但是冬青油产生的灼热，使木板夹住的那块皮肤，产生类似于三级烧伤的疼痛，令利多难以

25

忍受。

"爸爸，我痛啊，我是不是要死啦？"

爸爸眼里含着泪，抱住利多的头："孩子，你不会扔下我们的。对不对，你肯定会没事的。"

妈妈又杀了一只鸡，煮了一大锅鸡汤，推门而入。

鸡汤的蒸汽湿漉漉的，抚摸着利多的下巴。

妈妈看着儿子忍受病痛的折磨，比自己生病还要痛苦。

她不知自己能为利多做些什么。她能做的，只有炖上一大锅鸡汤，让利多多吃点儿，增加营养。

病痛逐渐退却，躺在床上的利多看着窗外。窗外花红柳绿，蝴蝶飞来又飞去。人行便道上，来往的行人匆匆而过，不知都在忙些什么。他回过头，看了一眼墙上的挂钟，时针指着下午四点。

"时间过得怎么这么慢呀？"

利多刚刚看过时间，差五分钟四点，这么说，在他看着窗外这段时间里，才过了五分钟。

"天啊，六个月。这六个月该怎么度过呀！"

门被敲响了，迪尔玛抱着一堆书本走进来。

"这是今天的课外作业和学习资料。"

"迪尔玛，学校今天有什么重要的事发生吗？"

迪尔玛笑着为他掖掖被角。

"当然有，你想知道？"

利多用力点头。

"可是我不能告诉你。"看到利多有些急了，"当然，我不能告诉你。但是，今天将有另外一个人告诉你这些事，你猜猜，他是谁？"

利多疑惑地摇头。

门开了，推门进来的竟是吉米和利多的堂兄。

"嘿！原来是你们！"

吉米和利多的堂兄早就想来看他了，但利多一直处于危险当中，利多的妈妈不允许他们进利多的房间。现在利多的病情好转，妈妈怕他太寂寞，特意找到吉米他们："去陪陪利多吧。"

吉米他们当然很高兴。

"快，快坐下，我都快要闷死了，你们怎么到现在才来看我？"

"我们当然想早点儿来看你，可是——"

利多看看迪尔玛走出房门的背影："嘘——我有个主意。我们出去玩怎么样？这张该死的床，我一天也不想在床上躺着啦，它简直能让人发疯！"

"不，不，我们不会帮你这么做的。这个念头太疯狂了，你不要命了吗？"

吉米坚决不同意。

"我们可以在每天放学后，到你的房间里陪你打扑克、下棋，在房间里也有好多好玩的呢。"

"好吧。"

利多不得不同意。

从此，放学之后，吉米会如约而至，陪利多下一会儿棋，聊聊学校趣事。爸爸妈妈有空闲，也会和他玩会儿扑克。更多的时候，他只能一个人坐在床上看书。

六个月的时间里，利多的体重降了 40 磅。重新走进校园的利多，不能再参加剧烈的运动了，别人游泳时，他只能在池边看着，帮着递递毛巾，或者洗刷游泳池。

不能参军

1941 年，日本在没有任何预兆的情况下，突然袭击美国珍珠港，一直站在一旁的美国，被这个事件惊醒了。电视广播中，美国总统罗斯福不断进行演讲，动员美国青年，为了国家，赴欧参战。

美国青年热血沸腾，纷纷报名参军。

利多兴冲冲地找到吉米和其他朋友，一起到医院检查身体，准备横渡大西洋，到欧洲去，参加那里的战斗。利多脑海中不停展现着这样的画面，自己驾驶着飞机，向德国法西斯的头上扔炸弹，把他们打了个屁滚尿流。

朋友们一个个顺利地通过了体检。

从医生办公室出来，他们向利多摆了个胜利的手势，表示他也一定能通过。

利多的检查结果出来了。

"你不能参加空军。"

医生的话令利多大失所望。

"为什么？"

"你曾经得过急性风湿病，以你的身体健康状况，根本不能当兵，更不要说去战场了。"

医生的话冷冰冰的，不带任何感情地打碎了利多的梦想；更像是一盆冷水，哗的从利多头上洒下来，直淋到后脚跟。

誓，要在25岁挣到年薪一万美元，然后，成为百万富翁。在利哈伊大学，利多养成了合理使用时间的习惯，他发难道在国家最需要我的时候，我却无法为国家出力么？利多陷入深深的苦恼之中。

"没关系，我们再到陆军去报名，也许你可以参加陆地上的战斗。"

吉米安慰利多。

可是陆军的答案和空军的一模一样，他们也不要得过风湿病的人。

"我简直成了废人了。"

利多眼看着朋友们穿上军服，雄赳赳气昂昂，跨过大西洋，为祖国尽力，自己却待在家里，心里感到十分内疚。

爸爸并不了解他的心情。

"想当年，第一次世界大战爆发的时候，我志愿去当兵。那时会开汽车的人非常少，我被派到离家不远的地方，为救护车训练驾驶员。要知道，我是个意大利人，但我已经加入了美国国籍，我就要为美国——我的国家而战斗。我感到十分自豪……"

妈妈拉拉爸爸的手，示意他别再说下去了。

"不要吹你那点儿英雄事迹啦！"妈妈责怪爸爸。

"怎么？我年轻时的事，你不喜欢听吗？"

利多站起身，回到自己房间。

他感到，似乎全美国只有他一个人没有参军，不能为国家出力，自己成了令别人耻笑的二等公民。

他唯一能做的，只有更加专心地读书。

高中毕业，利多的成绩在全年级 900 名同学中，列第 12 名。

他把这个消息告诉爸爸，以为爸爸会很高兴。

"你，为什么不考第一名？！"

爸爸用陌生的眼神看着他，就像利多没考及格似的。

"你打算报考哪所大学？"

爸爸问他。

"利哈伊大学机械工程系。"

爸爸点点头。利多报考的专业，对实现他自己童年确定的目标有帮助。要进入汽车行业，当然要学习机械工程。

其实，加州理工学院，还有麻省理工学院，都是一流的工程学院，利多选择利哈伊，是因为利哈伊离家很近，开车只需要半个小时的时间。尽管学习很重要，但利多可不想因此放弃周末与家人团聚，他觉得，家就像他一切动力的源头，他不能想象，自己要是远离家庭会是怎样的情形。

利哈伊大学对学生要求十分严格，如果到二年级时，不能保持高的学习成绩，就会被勒令退学。

学校里的学生很少，许多年轻人都去了欧洲战场，与国家的敌人拼命，用鲜血捍卫祖国的尊严去了。

本来应该教 50 个人的老师，只教 5 个学生。

每个学生都被老师关注着。

"告诉我，你遇到了什么难题了么？"老师随时会停到桌子旁，对你的疑难问题做出指导。即使这样，刚刚进入大学的利多，物理课还是几乎不及格。

物理课是机械工程系的必修课，教利多物理的巴格曼先生，是维也纳来的移民。利多实在是听不懂他的口音，听不懂就不会，在考试中就不能取得好成绩。

不过，这并没有影响到他们成为好朋友。

有一次，利多和巴格曼教授在校园中散步。

甬路两旁，是枝繁叶茂的绿树，阳光透过树的枝叶，形成一小块一小块的暗影。利多踏着这些暗影，和巴格曼教授聊着。心里忐忑不安：巴格曼教授要和我说什么呢？不会是我的物理成绩的问题吧？

"利多，你对原子分裂怎么看？"

利多没想到巴格曼先生要和他聊的竟是这个。

"原子分裂不只是个假设吗？我不太了解。"

巴格曼教授沉默了，很长一段时间没有说话。

"我觉得，原子分裂应该能够做到。"

对巴格曼的话利多似懂非懂，只能听巴格曼一个人说。

"好了，今天很愉快，再见。"

散步结束，巴格曼与利多告别。

"那么，明天是周末，我再来和老师聊天儿。"

"不行，我明天有事，要在下星期一才能回来。"

果然，周末时，巴格曼匆匆地走了，直到下个星期一才回来。从此每个周末，巴格曼先生都是这样神秘地度过。多年之后，利多才知道，巴格曼先生每个周末都要赶到纽约，参加那里的"曼哈顿计划"，也就是秘密制造原子弹的计划。

巴格曼先生讲课，利多听不太懂。为避免因物理的分数太差而被迫退学，利多从机械工程系转入工业工程系去读书。

在工业工程系，利多学习的是商业课程，如统计学和会计学。

大学四年级时，他还学习了心理学的课程。要求他每周必须用三个下午和晚上的时间，到离学校五英里的精神病房里去。在那里，利多看到忧郁症、精神分裂症等精神病人的表现。

病人每做一件事的动机是什么？他的问题是怎么产生的？每节课后都要给这些患者做出诊断。

对这些课，利多十分喜欢。

通过学习这些课程，利多学会了如何认识、了解一个人，怎样和人接触并且打交道。利多觉得，自己正一步一步地具备这种才能。

合理地安排时间

"利多，你参加我们的周末狂欢吗？"

大学里的同学，挽着胳膊从利多的宿舍前走过，热情地向他打招呼。

利多迟疑了。他的确想跑出门去，和他们一起狂欢。可是不行，下周有五堂课，还有一次口试，利多不想被人耻笑，要利用这个时间好好准备一下。

"不，不行，不能参加你们的聚会，我还有更重要的事要做。祝你们玩得开心。"

这是利多从小就养成的习惯，按照事情的重要性安排次序，然后，从最重要的事情开始做起。

不过，他可不想成为书呆子。

每周一到周五，他全力以赴地学习，周末他要开车回到温暖的家，和父母一同度过。周日晚上，他又成了斗士，在书桌上铺上纸，提起笔，写下下一周的工作学习目标。

利多还记得小时的贫困：一碗意大利玉米粥，或者是好一点的，一碗骨头汤。

他对所有的哲学课程都不感兴趣，只是暗暗地对自己说："我不需要什么哲学，我要在 25 岁时挣到 1 万元年薪，然后，成为百万富翁！"

所有的成功人士，无一不是在小时候，就能合理安排自己的时间的。

利多趴在书桌上，准备他下星期需要的材料。

准备好后，他抓起车钥匙，开车赶回阿伦敦——回家，同家人一起度周末。

树木刷刷地奔向身后，隔不多远，就能看到这样一个广告牌，上面写着"你的未来离不开一辆福特车"。

利多摇下车窗，让风吹过他的脸颊。

"未来离不开一辆福特车。太对了，我现在不正开着一辆福特车吗？"

利多开的是一辆 1938 年出产的福特车，爸爸给他买的。

这辆福特车只有 60 马力，极省油。但有个缺点，每当爬山时，换挡会突然间不灵，很可能造成滑下山坡的事故。所以每当开着这辆车爬山时，利多总是小心翼翼地。

总算安全到家了。

利多身上的汗水把内衣都湿透了。

"他们需要我的帮助，爸爸。"

"哪里需要你的帮助啊？"

爸爸对利多的话感到不解。

"福特汽车公司。我想，生产出这种破车的公司，需要我的帮助。这台车总是让我提心吊胆，像斗牛场上的斗牛士，时刻得小心牛的利角。"

"这么说，你是想到福特公司工作了？"

"是的，爸爸。"

利多又想起了童年时，他到爸爸的汽车出租公司，看到数十辆福特车摆成一排的壮观场面。

不过，要进入福特公司并不是一件容易的事。

福特公司这个美国第二大公司的雇用方式极特别，在招工前，会访问 50 个大学，在每个学校里只挑选一个人，也就是说，福特公司每年只招

50 个人。这种招工方式，使每所校园中的竞争相当激烈。

利多在利哈伊大学脱颖而出。

那年春天，绿树成阴。福特公司负责招工的人，开着一辆林肯大轿车，驶进利哈伊大学，利多知道这个消息后，高兴得差点跳起来。

童年的梦就要实现啦！

"咱们全家能不能到新泽西州旅行一次呢，爸爸？"

利多故意板着脸孔向爸爸提出建议。

"为什么？你的工作还没安定下来，去旅行？我想你是疯了，这是不可能的事。"爸爸一口回绝了利多的请求。

"如果，我的工作已经落实了呢？"

"你说什么？你是说福特公司……"

"是的爸爸，福特公司决定雇用我啦。"

利多拥抱住爸爸。

爸爸高兴地大笑起来，抱着他在地上跳来跳去："我们去新泽西，我们去旅行。我们为什么不去呢，谁能给我一个理由？"

一路上，全家人哼着歌儿，沐浴着春天的阳光与和煦的春风，驾车向新泽西驶去。

刚刚到达新泽西，利多的行李还没整理好，迪尔玛拿着一封快信，撞开了利多的房门。

"利多，你的信。"

这会是谁来的信呢？

利多临行前，只把自己的行踪告诉给了学校就业办公室主任。

"我要去旅行了，到新泽西，如果您有事，请按这个地址给我写信。"

"祝你旅行愉快。"

果然，这是学校就业办公室主任的来信。

信封里面还装着普林斯顿大学研究所奖学金的文字材料。

就业办主任在信上说："这个研究所的奖学金每年只有两个人能够获得，我知道你不打算进研究所，但这个机会很难得。"

可是，福特公司已经同意录用利多了。

"这该怎么办呢？"

他问爸爸。

"我想，是该你自己拿主意的时候了。"

爸爸并没有给他提供更好的建议。

利多想了许久，决定把自己目前的情况，打电话告诉给福特公司的招工人员。

那个招工人员一听利多的处境，立即表示："假如普林斯顿大学给你奖学金，你应该去拿这个硕士学位，我们会保留你的位置，直到你在那里毕业。"

利多放心了。

在普林斯顿，原本有三个学期的时间用来写毕业论文，但利多只用了两个学期就写完了。

这一切都是为了尽早进入福特公司工作。

利多毕业后的第一件事，就是与福特公司的招工人员联系。

然而，那位负责招工的工作人员已经应招入伍。利多和他没有任何形式文字的合同，而除了这个人之外，福特公司根本没有人知道利多。

利多再一次面对选择。

他可以放弃他的理想，至少有 20 个工作岗位在等着他选择，待遇也不错；可是，进入汽车行业，进入福特公司工作是他的理想啊。

利多鼓起勇气，给招工负责人的上司打了个电话，说明了整件事情的前因后果。

"我们已经找到了 50 个人。"

电话里的声音差点使利多昏倒。

"但是，这件事对你来说，的确有点不公平，如果你能立即到底特律来报到，我们将增额录取你。"

利多清醒过来，命运又一次向他露出了迷人的微笑。

"我马上就去！"

第二天，利多的爸爸开着车，把利多送到了费城，从费城搭乘红箭快车，迅速地前往底特律——福特公司总部所在地，那个他梦想的地方。

改　行

"艾柯卡，学习过机械工程。对，我们现在正筹建一个自动转送研究小组，我们打算派你去那里。"福特公司训练班的领班站在人群中间，对利多说。

他身边，是51名见习工程师，51名中的那个1是利多。

"1946年8月份来到福特公司，如今已经9个月了。通过这个训练班，我到过福特公司的冶炼车间、铸造车间、机床车间……甚至还到过厂里的医院，可以说，从挖铁矿、炼钢到制造出汽车，每个程序我都已经走过了。训练班还有9个月才能结束。而我现在要做的，和我来这里的第一天一样，设计一个离合器上的发条，整天画图。难道我这辈子就干这个？"

利多觉得这不是自己的理想。

"我愿意在福特公司工作，可是，我不愿意做工程技术工作。我想搞汽车经销，我喜欢和人打交道。"

利多对领班提出自己的意见。

领班惊讶极了。

"因为你是工程学院毕业的，福特公司才雇你来，还为你支付了一笔训练费用，你怎么可以去搞经销呢？"

"好吧，好吧。"

领班请示上级后，作出了让步："你可以去做你喜欢的推销工作，可是，你得自己去找机会。"

利多听到这个消息，立即和自己的一个朋友联系。

这个朋友也是学工程的，和利多一样，他也没有留下来做工程技术工作，而是到纽约经销起了卡车。

"我明天就能到。"

"好啊，欢迎你！"

朋友很热情。

到纽约，朋友拉着他，像是两个小孩子，跑着跳着，逛进饭馆里吃饭。走在灯火辉煌的大街上，利多禁不住高喊一声："老天啊，我又回来了。"

利多是在东部出生的，他自然而然地把这里当成了他的落脚点。

他感到，新生活的一页已经揭开了。

第二天一大早，利多去找福特公司纽约区的经销经理，两个副经理接待了他。

利多心里像揣了只小兔子，跳个不停：自己学的是工程，不是经销，他们会给自己一份工作吗？

其中一个副经理眼睛一直没离开报纸，对利多不理不睬。

另一个副经理，看了看利多脚上的皮鞋，又盯着他的领带研究了半天："不要再来找我们了，我们会找你的。"听那语气，利多知道，这儿没戏了。

这个用侦探眼神看着他的家伙：根本没打算用他。

出师不利。

刚一迈步就碰了一鼻子灰，不过利多没有灰心。

看来，只有到一个区的销售处去试试了。

这回成功了。宾夕法尼亚州切斯特销售处的经理给利多提供了机会，雇他做了一个最下层的职员。利多在这里拥有了一张办公桌和一部电话。

他的工作是，和购买汽车的批发商交涉新汽车的分配问题。

刚开始，这个工作难住了利多。

"我怎么说呢？如果他拒绝我怎么办？"

面对桌上的电话，利多羞怯起来。

对，我可以先练 练"尊敬的先生你好，我是……"

利多对着电话机口若悬河。

"利多，你在做什么？"同事进来，看到利多自言自语，感到十分奇怪。

"没什么，没什么。我，我正要给 个批发商打电话。"

利多慌忙掩饰，手忙脚乱地抓起电话听筒。

两年之后，利多已经对他的工作得心应手，完全离开了那部电话机，成为一个成熟的推销员，成天开着车，穿行于办公室和汽车商之间了。

那段时间，由于第二次世界大战，钢铁都用来生产武器，小汽车停止生产，所以汽车供不应求，利多每天都忙得焦头烂额。

很快，他当上了宾夕法尼亚州威尔克斯勒的一个地区经理，工作任务是同当地的 18 个汽车商密切合作。

威尔克斯勒有个负责推销的经理，名叫默里。

利多在他身上学习到不少推销经验。

"你的朋友喜欢你这辆新车吗？"

默里又开始打电话了。他往往在卖出一辆新车后的一个月，给客户打电话，而且，问的却是他的朋友喜不喜欢。

利多静静地站在一旁。

"噢，你的朋友说你的新车太棒了？那太好了，能把他的联系方式给我吗？好的，我记一下。"

等默里放下电话，利多问他："你为什么要问他的朋友喜不喜欢那辆车呢？"

"很简单，"默里摆出长谈的架式，"每个人，买了一件新东西，开始的几个星期里，他都会认为是好的，但是，如果由卖给他的人问他是否喜欢，他一定会挑出许多毛病。你若是问他的朋友怎么看，他肯定会告诉你，朋友们说，这辆车棒极了，就算他的朋友们不喜欢，他也不会承认。这时，就可以问他朋友的联系方式，如果运气好，还可以卖给他朋友一辆车呢。"

利多很佩服默里的推销手段。

"也许，把推销的优秀做法集中到一起，可以写一本汽车推销员训练的小册子呢。"

利多心里想。

"不要沉思了，我们还要去参加 1949 年新车介绍招待会呢。"

默里拉着他，走出办公室。

这次新车介绍会，是由福特公司东海岸经理查利举行的。

利多注意到一个红头发姑娘，漂亮而又活泼地在人群中走来走去，眼睛像春天的阳光般明媚。25 岁的利多的心怦怦地跳动起来——他感到，爱情就在不远的地方，在向自己招手。

为了推销汽车，利多忙得不可开交，直到现在，还没结婚，也没有女朋友。

他的目光一直注视着这个姑娘。

"知道她叫什么吗?"

一个同事看出了他的心事。

利多摇摇头。

"她叫玛利,切斯特福特汽车装配厂的接待员。"

同事开口招呼:"嘿,玛利!"

红发姑娘走过来。

"我向你介绍我的同事——利多·艾柯卡,这是玛利。"

"嘿,你好。"玛利大大方方地向利多伸出手。那只手修长白净,利多感到像是被闪电击中了胸口,浑身激动得发抖,脸也热烘烘的。

玛利看着面前身高足有一米八十多的大小伙子,竟然害羞地红了脸,咯咯地笑起来。

改　　名

利多和玛利相爱了。

他们一同爬山,或者租一条船,沿着河顺流而下。

但是,利多的工作实在太忙,往往在爬到半山腰,或者船还在河中间时,他会看看表,不好意思地拥抱一下玛利。

"我还有个会,要先走一步,请你原谅。"

"没关系,我们还有时间,不是吗?"

玛利含情脉脉地说。

利多匆匆赶到会场。

这个会由福特公司东海岸的经理查利主持,他是利多的顶头上司。

查利是南方人,热情开朗,个子高高的,脸上常带着可爱的笑容。

他和利多一样,也是工程师出身,后来转入推销工作。他常常对他的属下说:"主要是赚钱,其他的少考虑。伙计,其他的都是次要的。"

他尊敬敢于面对自己的错误的人，反感为自己找借口的人，他喜欢对自己要做的事有计划，并迅速按计划去做、干练精明的人，讨厌做事马虎的人。

在查利手下做事，一刻都不能松懈。

查利嘴角叼着一支没点燃的雪茄嚼着。自从医生不让他抽雪茄后，他的习惯就变成了嚼雪茄。

他掏出小刀，在桌上切掉雪茄被嚼过的那一头儿。

开会前，他已经把他最近听到的，种种销售情况不好的借口说了一遍，所以，今天的会上没人为自己的错误辩护。

查利说话了。

"要永远记住，人人都会犯错误的，问题是，多数人都不承认是自己的错。他会设法把错误归罪于他的妻子、孩子，甚至是狗和天气。所以，如果做了错事，请不要找任何借口，先用一面镜子照照自己，然后来见我。"

利多低下头。

他所在的区在 13 个小区中，销售情况最坏。

会后，利多在停车房里走来走去，情绪消极。怎么办呢？怎么才能把汽车销量搞上去呢？……无数问题像是一团乱麻，在头脑里纠缠不休。

查利走过来，把手放到他肩上："利多，为什么垂头丧气？"

"一共 13 个区，这个月我们区的销售量排在第 13 位，在尾巴尖上。"利多亲口说出自己的业绩，更觉得难为情。

"去他的，总有人要得最后一名，何必这么烦恼呢？不过，可不要连续两个月都得最后一名啊。"

利多感到心里一块重石被搬开了，心情豁然开朗。

跟着这样的上司，利多觉得工作真带劲！

那时，没有直拨电话，想打长途电话，都要经过接线员。接线员会问你的名字，然后，把电话接通，告诉对方，是谁想跟你通话。

利多意大利式的名字，令接线员感到不习惯。

"我姓艾柯卡，名字叫利多。"

接线员往往为这个奇怪的名字，大笑不止。

"我要利多这个奇怪的名字干嘛。"

利多左思右想，从此开始自称"李"了。

利多的工作也有了变化。查利决定，让他到南方指导商人推销汽车。这是利多的拿手好戏，早在默里谈起他的推销策略时，他就写了一本"汽车推销员的雇用和训练"的小册子。这次，他把这个小册子制成幻灯片，并带上幻灯放映机和海报，准备出发了。

查利把他叫到办公室。

"李，你要去我的家乡，我想劝你两点。"

利多听着，他知道，查利要说的，和他在南方工作顺利与否，有决定性的关系。

"一是你说话对于南方人来说，速度太快，应该说慢一些。第二，他们不喜欢你的名字，你可以对他们说，你的名字是艾柯卡，而你的姓是李。"

利多郑重地点了点头。

果然，南方人都非常喜欢他的这个名字。他在南方的工作得心应手。

利多常常在星期日夜间赶到新的城市，然后，给这个地区福特公司的推销员上 5 天训练课，再奔波到另一个城市。

每当忙碌了一天，睡觉前，玛利的身影都在他眼前晃动着。

"噢，玛利，我多么想念你啊。"艾柯卡喃喃地说。

鸡蛋事件和 56 元一辆车

20 世纪 50 年代初，美国经济衰退，福特公司大量裁员。

许多汽车经销人员被解雇。

艾柯卡陷入深深的苦恼当中。虽然自己还没有被解雇，谁知哪一天，这种结果也会落到自己的头上呢？不如改行做别的工作吧。

"绝对不要做需要太多资本的生意，因为迟早银行会吃掉你。如果时势艰难，就改行经营餐饮业，因为，即使在困难时期，人们也是要吃饭的。"

艾柯卡想到，小时候爸爸经常这样对他说。

"那么，我就经营一个食品联营店，用一家做食品站，向 10 家联营店卖外餐。"

玛利听艾柯卡这么说，惊讶极了。

"你不是说过，进入汽车行业是你从小的理想吗？现在不过是有了点儿困难，难道就不再坚持你的信念了吗？"

"对呀，我难道是那种遇到困难就退缩的人吗？"

想到这儿，艾柯卡不再烦恼了，他付出双倍的努力开始工作。

1956 年，福特公司实行一种新的市场竞争策略，不再强调汽车的马力大小，而是怎样提高汽车的安全设施。

福特公司改进了挡泥板的防震垫。

这种防震垫，令已是福特公司费城地区销售副经理的艾柯卡，一时哭笑不得。

福特公司为了证明这种防震垫有多么好，特意给各个区送来影片，供汽车商们看。影片中有这样的画面，为了说明这种防震垫有多好，把一个鸡蛋从高处扔下来，鸡蛋从垫子上弹了起来，却没有碎。

艾柯卡完全相信了公司的影片。

他没有让人们看电影，而是在台上铺上防震垫，自己真的拿上一盒鸡蛋，爬到高处，想用事实证明，这种防震垫有多么有效。

当时，推销会上，有 1100 多人盯着艾柯卡。艾柯卡越爬越高，人们屏住了呼吸……

第一个鸡蛋扔了下来。

鸡蛋没落到垫子上，却掉到了地板上，碎了。鸡蛋清、鸡蛋黄涂了一地。

观众们哄地大笑起来。

"没关系，我们再来一次。"

扔第二个鸡蛋时，艾柯卡小心翼翼，生怕它再落到地板上，可是，扶梯子的助手晃了一下，结果鸡蛋掉到了助手的肩膀上。

"噢——太不准啦。"

观众们喝起倒彩。

艾柯卡咬着牙挺着，把第三个、第四个鸡蛋扔了下去。

这回还好，鸡蛋都落到了垫子上。

可是，不幸的是，两个鸡蛋都碎了。

只有第五个鸡蛋，虽然没有像影片里说的那样弹起来，不过总算还给了艾柯卡一点面子，没有碎。

艾柯卡脸上全是鸡蛋液，他微笑着，心里却苦不堪言。他恨恨地想：以后再也不在推销会上用鸡蛋做表演，再也不能在顾客面前说没有准备的话，做那些自己没有准备的事了。

可想而知，人们对福特公司的安全想法，完全不买账。福特车卖不动了，尤其是艾柯卡所在的费城地区，位居全国之尾。

"能不能想个办法，让人们对我们的车感兴趣，买我们的福特车呢？"

艾柯卡苦苦思索。

当时，美国人收入都不高，挣了钱，只为能够生存下去，买车对大多数人而言，都是一个梦想。不是不想买，而是没有能力一次付清这么多钱。要是买了一辆车，意味着全家人不吃不喝，那么，所有人的选择都只能是不买。

"那么如果是分期付款呢？"

艾柯卡把他的这个想法称为"56 元换 56 型"。

只要你买福特公司 1956 年生产的轿车，那么，只要先付整辆车 20%的钱，剩下的每月付 56 元，分 3 年付清。

一时间，费城大街小巷，到处都能看到福特公司的推销员。

"56 元买 56 型车，谁都能买得起——"

只需每月拿出 56 元，就可以买一辆属于自己的车，这绝对是一种诱惑。

人们纷纷掏钱，用福特 56 型车代替他们疲劳的脚。

3 个月后，费城地区的销售额由全国倒数第一，跃升至榜首。

福特公司福特部副总裁——罗伯特·麦克纳马拉马上把这个计划推广到全国，作为整个福特公司全国销售战略的一部分。

罗伯特事后估计，这个计划使福特公司多销售出了 7.5 万辆汽车。

风水流转，艾柯卡被晋升为华盛顿特区经理。

他兴冲冲地打电话，向玛利报喜。

"是吗？那恭喜你啦。"

玛利的语气平淡，说完，不等艾柯卡再有什么反应，把电话挂了。

艾柯卡握着电话听筒，愣愣地，不知该怎么办。

他忘了，他们刚刚吵完架。

前几天，他们和几对夫妇一起到外地玩儿。一群人里只有他们没有结婚，但是已经相恋了 8 年。8 年，对一个年轻人来说，意味着青春不再。可艾柯卡直到现在，还在忙着推销他的汽车，他为俩人的感情想过吗？

回来的路上，玛利和艾柯卡大吵了一通。

"8 年的感情，难道说分手就分手吗？"

第二天，艾柯卡去了玛利家，希望能和玛利好好谈谈。

"玛利得了肺炎，住进医院了。"

玛利的妈妈对艾柯卡说。

艾柯卡急忙赶到医院。

"你还好吗？我亲爱的玛利。"

玛利微微睁开眼睛。看到艾柯卡，她的眼睛湿了。

他们紧紧地拥抱到一起。

"等你的病好了，我们就结婚。"艾柯卡哽咽着说。

玛利用力点了点头。

他们决定，1956 年 9 月 26 日结婚。

为了能在华盛顿买一处既便宜又好的房子，艾柯卡和玛利跑了几个月，终于找到了一所他们中意的房子，买了下来。

"这间大的做起居室，那间小的以后做婴儿室，还有那间……"

玛利兴致勃勃地设计着新居，甚至还买了一块价值 2000 美元的地毯。

可是，事情却又有了变化。就在他们结婚前一周，艾柯卡被查利叫去了。

"你准备到别处去工作吧。"

"你开什么玩笑？我下周就要结婚了，刚买了新房子。"

艾柯卡觉得这事儿有点儿不可思议。

"很抱谦。"查利笑了："如果你想拿薪金的话，那你只能到福特公司的总部去领了。"

原来，查利本人被提升为福特公司福特部的小汽车和卡车销售负责人，艾柯卡被任命为全国卡车销售经理。

艾柯卡只好对玛利说："亲爱的玛利，新买的房子我们不能住了，因为，我们马上就得走。"

艾柯卡在全国卡车销售经理这个职位上，干得如鱼得水，由于业绩突出，1960年3月，便担任了福特公司卡车销售经理和小汽车销售负责人。想起过去，他刚刚改行要搞销售工作时，纽约的那两个副经理还不要他呢。谁会想到，今天，他已坐到了这样一个位置上。

迈克纳马拉

艾柯卡站在办公室门外，思考着进去之后，怎么和迈克纳马拉谈话。

这是福特公司的副总裁办公室。

福特公司副总裁，罗伯特·迈克纳马拉成了艾柯卡的新上司。

他敲敲门。

"请进。"

艾柯卡整理一下衣服，推开了办公室的门。

艾柯卡不是第一次进迈克纳马拉的办公室。不过，每当他走进迈克纳马拉的办公室，两人都会情不自禁地想起，他们第一次见面时的情形。

那天见面，艾柯卡还在为华盛顿的新房不安，还有那块 2000 美元的地毯，要知道，那是 1956 年的美元啊。

"别担心，李，公司会把你的房子买下来，不会让你受到损失的。"

迈克纳马拉安慰艾柯卡。

然而，艾柯卡的表情还是有些不自然。

"还有什么事么，李？如果是我们能够做到的，我们会帮助你。"

艾柯卡期期艾艾地开了口：

"可是，要知道，我刚刚为新房子铺了地毯，那块地毯价值 2000 美元。"

攀向福特汽车公司顶峰

有的人都说，艾柯卡得到的每一个铜板都是问心无愧的。

艾柯卡担任福特公司总经理后，年薪高达100万美元，所迈克纳马拉笑了：

"李，我们只买房子，但你不要担心，我们在发放奖金时，会考虑到你的地毯的。"

艾柯卡放心了。

会面结束，艾柯卡回到自己的办公室，坐在椅子上，燃起一根雪茄，悠闲地抽了一口。

烟雾在面前逐渐消散，忽然一个问题跳了出来："唉，这不行啊。我现在还不知道，要是没有地毯的话，我的奖金该是多少呢，我怎么能肯定他们会把地毯钱用奖金的形式给我呢？"

从那以后，每次会面，他们都会谈到地毯这个话题，并且一起大笑。

这件事成了一件趣事。

迈克纳马拉从巨大的办公桌后站起身。

迈克纳马拉智力非凡，反应灵敏，有着惊人的记忆能力，因此许多事，他几乎过目不忘。对于一种投资，他会考虑到可以料想到的所有的方案。

但是，他却常对艾柯卡说："你很能干，什么东西你都能把它卖出去。但是现在要考虑一笔 1 亿美元如何使用的问题，今晚你回家想一想，然后把你的主意记下来。如果你不这样做，说明你还没有真正考虑清楚。"

艾柯卡觉得，在迈克纳马拉身上学到了许多东西。

例如，他常说："作为老板，要像教皇一样宽容，比猎犬的牙齿还要干净无垢，处处身体力行。"

有一次，他准备度假，去滑雪，需要一辆带有滑雪架的车子。

艾柯卡开玩笑似的对他说："没问题，我把公司一辆车上的滑雪架在丹佛从车里扔出来，你捡起来就行了。"

"不，不行。你去给我租一辆带滑雪架的车吧，我会另付滑雪架的钱。"

结果，他真的这么做了。而且，就算是在假期，他也决不会用公司的车，尽管福特公司每个周末都借出几白辆车，给一些人人物用。

但迈克纳马拉坚决不用。

因为他在度假，而公司的车是他用来办公用的。

这次，迈克纳马拉找艾柯卡来，是商量福特公司生产新车的事。

"我认为，猎鹰车要小巧实用，它是代步和运载的工具，不是一种玩具。"

迈克纳玛拉开门见山。

他要生产自己的小汽车。可是车小，必然导致利润小，公司里的人大多不同意他的这个想法。

迈克纳马拉盯着艾柯卡。

"我赞成你的想法。"

艾柯卡肯定地说。

迈克纳马拉脸上露出了笑容。

"那我们为什么不做呢?"

1959 年，猎鹰车投入市场。

猎鹰车是美国最早生产的小汽车，它不但要和进口车竞争，同时，还要和通用汽车公司生产的"科维尔"小汽车、克莱斯勒公司生产的"瓦利恩"小汽车竞争。

很明显，这种价钱便宜，可以坐 6 个人，耗油量低的猎鹰车最受美国人的欢迎。

投入市场的当年，就卖出去 41.7 万辆。

这个销售量打破了福特公司的历史记录。

它使迈克纳马拉被提升为福特公司的总裁。

那天是 1960 年 11 月 10 日，艾柯卡继任迈克纳马拉原先的职务——福特公司副总裁和福特部的总经理。也就是那一天，肯尼迪当选为美国总统。

几天之后，肯尼迪总统任命迈克纳马拉为新内阁的财政部长，被迈克纳马拉拒绝了，后来，肯尼迪又任命他为国防部长，迈克纳马拉同意了。

温暖亲情

美国的底特律是一个典型为男人而建的工业城市，到外是便餐馆。艾柯卡每天早晨 7 点 15 分从家里开车上班，玛利总是站在门前，目送他车子的背影驶过街拐角。自从做了福特公司副总裁和福特部的经理后，艾柯卡更忙了。

艾柯卡还保留着按计划行事的习惯。

每天晚上和家人共进晚餐，和家里人共度周末。

他的一个同事遗憾地对他说："我实在是太忙了，去年根本没时间和家人一起去度假。"艾柯卡感到很惊讶："你能计划好一个800万美元的投资计划，难道却无法计划出和家人一同度假的时间吗？"

艾柯卡和他们想的不一样，有时间了，就会计划着和家人出门旅行。家人团聚的乐趣，时时给他鼓舞。他知道，自己的工作和成功并不只是为了自己，同时，也是为了家人的幸福和快乐。

艾柯卡非常爱自己的两个女儿，他给她们两个取的名字是凯西和利亚。

玛利患有糖尿病，在生凯西和利亚的前前后后，一共流产了三次。

艾柯卡开着车，向福特公司的玻璃大厦驶去。阳光透过底特律上空的灰尘，洒在车挡风玻璃上，娇柔可爱，像初生婴儿脚板的颜色似的。

艾柯卡微笑地回忆起凯西出生时的样子。

凯西是剖腹产。

艾柯卡陪着躺在病床上的玛利，盼望护士推来他们的女儿。

"亲爱的，她一定和你一样漂亮，长着一头金发，大大的眼睛……"

艾柯卡在玛利的耳边说。玛利害羞地笑着："不，她的眼睛应该像你，明亮迷人。"

吱吱扭扭，护士把婴儿用小车推进病房，送到他们母亲那里。玛利从床上坐起身，等待护士把他们的凯西送到她怀里来。

艾柯卡也不由得一阵紧张、兴奋。

与他同龄的人，早已当爸爸了，有的甚至有了好几个孩子。这些年来，他一直盼望着能有一个童稚的声音在房间里响起来，叫自己爸爸。艾柯卡想，我会用下巴蹭她的小脚，让她痒得咯咯地笑个不停。

可是，护士越过玛利的房间，并没有进来。

艾柯卡的心提了起来：难道我的女儿出了什么事了？

"快，快去问问护士。"

玛利催他。

他急忙跑出门。这天是美国的国庆节周末，医院里只有几个值班的医生、护士。艾柯卡抓住一个穿白大褂的护士。

"我的女儿，我的凯西怎么了？"

"请问你是？"

"我是凯西的爸爸，噢，凯西是玛利和我的女儿。"

"凯西受到葡萄链菌的感染。这可是儿科的疑难症，我们把她放到保育箱里，医生说，她是病危患者。"

护士以平静的语气介绍着凯西的病情。

艾柯卡感到似乎有一柄锤子敲到了头上，他摇晃了几下，努力站稳脚。上天对我和玛利为何这么不公平，我们有了孩子，难道马上又要失去她吗？

"我可以去看看她吗？"

艾柯卡眼里含着泪，问护士。

"当然可以。"

保育箱里的凯西静静地躺着，浑身猩红，小脚上吊着静脉输液管，药物一滴滴地滴入她的体内。

艾柯卡的眼睛湿润了。

女儿那么无助，而自己却帮不上她。

回到病房，玛利焦急地问："怎么样，凯西怎么样了？"

"没事，她不过是有点发烧，现在烧已经退了。"

艾柯卡只有对玛利撒谎。

"她现在没有关系了吧？"

"当然。"

还好，一个星期过后，凯西完全康复了，玛利已经可以抱着她喂奶了；又过了一个星期，他们抱着凯西回家了。

小女儿利亚出生时也是剖腹产，但比凯西还要脆弱，足足在保育箱里呆了 12 天才能让艾柯卡抱在怀里。

玛利为生这两个孩子受了不少苦。

玛利是多么坚强的一个女人，多么好的一个妻子啊。

有一次，艾柯卡和玛利到朋友家去，正聊着，那位朋友忽然心脏病发作，倒在了椅子上。

艾柯卡手足无措。

"怎么办？怎么办？"

玛利异常镇静地打电话叫来消防队员，带来人工呼吸器，并叫来心脏外科医生，拿着导管准备急救……

还有一次，玛利的一个朋友打来电话，说头痛。玛利到了她家，发现她已经昏倒在地了。玛利马上叫来救护车，送她到医院，并守在那里，直到医生给她做好脑手术。

情况越危急，玛利表现得越坚强。

凯西10岁时，学骑自行车，可是，车闸失灵，凯西从把手摔了出去，头撞到了地上。

艾柯卡跑过去，发现凯西的瞳孔既大又黑。

"完了，凯西——"

多年前，有个医生告诉过他，要确定一个人是不是脑震荡，只要看看他的瞳孔是不是放大变黑就行了，只要放大变黑，肯定是脑震荡。

艾柯卡蹲在地上，不敢碰凯西。

玛利一把抱起凯西，送到医院，在病床上抱了凯西半个小时。

医生为凯西检查后，确定她没事，玛利又赶回家，在半个小时内为艾柯卡烧了他爱喝的汤，把他扶到床上休息。

"没事了，医生说，凯西没事了。"

艾柯卡不知自己有多爱这个家，爱玛利，爱他们的凯西和利亚。

艾柯卡的钱包里有一张小卡片，写着凯西和利亚的衣服和鞋的尺寸，只要有机会，他就会给孩子们买衣服。

有一次，艾柯卡在伦敦开会。这个会议非常重要，会议将决定，是在西班牙的巴伦西亚，还是在靠近直布罗陀海峡的阿乐赫西拉斯，投资5亿美元，建新的汽车装配厂。

然而，就是这个会，艾柯卡迟到了半个小时。这也是他唯一的一次迟到。

中午，他听说有个商店，减价出售女孩的橄榄球装，就利用午饭时间跑了去，以40%的折扣给凯西和利亚每人买了一套橄榄球女童装。

当凯西和利亚兴高采烈地试穿新衣时，艾柯卡感到心里的快乐无法形容。

虽然，他们住在高级住宅区里，但艾柯卡的两个女儿都不知道他们家有多么富裕。她们经常能看到，艾柯卡把戴过的窄领带收起来，以备以后再用；听到他说："只有辛苦的工作，才能过上美好生活。钱不会从树上长出来。"

利亚在上幼儿园时，她不知道爸爸是做什么工作的。

有人问她："你爸爸是做什么工作的?"

她想了半天，侧着头回答："我不太清楚。我想，他是洗汽车的。"

……

艾柯卡把车停到停车场，脑海中尽是和家人共度的美好时光。为了这个温暖的家，为了可爱的女儿和妻子，一个男人能做什么呢? 努力工作，让家里人过得更幸福! 36 岁的艾柯卡走向他的办公室，偶尔和别人打个招呼。福特公司分为两个部——福特部、林肯部。作为新上任的福特部经理，公司里认识他的人并不很多。

足球教练

假如说，做推销员的工作时，艾柯卡是个球员的话，那么，此时任福特部经理的他，就应该说是个教练了。

坐在办公桌后面，艾柯卡想，怎样才能管好这个球队中的每个队员，让他们发挥作用，赢得比赛呢?

一个人的精力毕竟是有限的。

艾柯卡想起，自己原先的上司查利说过："你不能一切都自己做，不懂得如何分担给大家。你可能是最棒的一个，也许你可以顶两个人用，但是即使如此，也只是两个。可是现在有 100 个人替你干活。如果你手下有 1 万个人呢，那又会是什么情况? 难道你把这 1 万个人的工作都能做完、做好?"

福特部现在有 1.1 万人。

艾柯卡抓起电话，约朋友文斯·隆巴迪共进晚餐。

这个文斯·隆巴迪是个足球教练，别人都叫他神通广大的足球教练，因为他所带的球队，屡屡得胜，败绩极少。

"我可不明白企业的事。"

文斯在电话另一边大笑着说。

"当然，我并不想和你谈企业，只想和你聊聊足球。"

晚餐非常丰盛，酒足饭饱之后，文斯聊起了足球。

"对每个队员，你必须从教基本要领开始，而每个队员，必须懂得比赛规则。这是必须的。另外，作为一个教练员，你必须使球员服从集体，这是纪律。比赛时，全体队员一定要作为一个整体而不是一批个人来行动。一个好的足球队，没有任何可以容纳个人英雄主义者的地方。"艾柯卡微笑着听着他说下去。

"有许多教练，虽然他有一批既懂得基本要领又守纪律的球员，但还是不能在比赛中获胜，这就是第三点，要在比赛中配合得像个整体，就必须互相关心，互相爱护。每个球员一定要为别人着想，要能够自慰地说，如果他不上前去对对方的队员加以阻止的话，队友就不能把球踢进对方的大门。为了队友能做好，我必须把我的那份工作做好。

"平庸和伟大之间的差别，就在于球员之间的这种感情，许多人把这叫做球队精神。当所有的球员都具有这种精神时，作为教练，你已经使你的球队立于不败之地了。

"任何一个球员外出踢球时，他都必须用整个身心来踢，身体的每个部分都要配合。有些球员踢球时只用脑袋，当然，这需要智慧，智慧能使各种努力成绩卓著。但更重要的是，要用心来踢球，如果你是一个既有智慧又满腔热忱的球员，那你就会永保第一名。"

艾柯卡沉思着。管理一个球队和一个公司，道理是一样的，不可能靠一个人的力量造出一部汽车出来。那么，我该如何使福特部，这个1.1万人的球队永保第一名呢？

艾柯卡结合自己上大学时，制定计划的方法，制定了 季 查的管理办法。

"今后90天里，我们的目标是什么？你们的计划、你们首先要做的事以及你们的希望是什么？你们打算怎样实现它们？"

艾柯卡"教练"把问题提给他的"队长们"——每一个经理,再由"队长们"提给每个"球员"。三个月后,艾柯卡"教练"会和他的"队长们"一起检查过去三个月里的工作。

福特部的每个"队员"都给自己定了目标,既然这个目标是自己定的,当然会努力去完成它。而且,这个办法,使"队长们"冷静下来,思考他们已经完成了什么,如何做下一步的计划、下一步的工作,不会凭一时冲动工作。

而"教练"也可以了解到,自己的"球员"在"球队"中起着什么作用,并随时和他们展开讨论。

"我认为你的计划定得高了些,但是如果你觉得在今后的 30 天里你能做到,那为什么不试一试。"

"你的计划很合理,但应该先做什么,我有不同意见,我们可以讨论一下。"

艾柯卡"教练"用一季一查的办法,建立了福特部的"球队精神"。

如果哪个"队员"连着几季没有完成计划,他会找到"教练":"我干不好这个工作。那是我的能力不能达到的,你能给我换个别的工作吗?"

每个"球员"都找到了他最适合的位置。

可是,如何让每一个"球员"都用心"踢球"呢?

一次,艾柯卡到麻省理工学院,为艾尔弗雷德·斯隆经营管理分院的研究生讲演。

艾柯卡觉得既荣幸又紧张。因为,这些研究生很有才华,曾被安排到欧洲访问,研究共同市场,还到华尔街和五角大楼访问过。

"放松好了,晚饭后,学生们集中在休息厅里,你简单谈一些关于汽车业的事,然后,学生们会向你提问。"

旁边有人为艾柯卡打气。

艾柯卡简要地谈了谈汽车制造和销售问题,接着让学生们提问。

"请问,福特部有多少人?"

艾柯卡感到十分惊讶。他还以为,这些大学生会问多么高深的问题呢。

"大约有 1.1 万人。"

"那么,你这几天都不在福特部,这 1.1 万人,谁来调动他们的积

极性?"

事隔多年，艾柯卡还记得那个提出这个问题的学生。因为，他提出了一个关键性的问题，无论是"球队教练"还是企业的经营管理，最重要的，就是调动"球员"或者员工的积极性。

艾柯卡经常向福特部的员工们讲话，同时，听他们提出的建议。

虽然，不是每个建议都接受，但艾柯卡会对建议者说："你的主意太好了!"这样，这个建议者才会再次提出建议。

就算有很多建议，最后，也要有个人拍板决定。就像足球场上，球在队员的脚下传来传去，但最后，总要有一名球员，抓住时机，拔脚射门。

那么，什么时候才是射门的最佳时机呢?

假如说，你得到了95%的信息证明，这就是绝佳的机会，那么你难道还要等待，等其余的5%的信息，达到100%才射门吗?

艾柯卡认为不能。

"就算是正确的决策，如果迟了，也会是错误的。在许多情况下，没有十分肯定的事，你就必须凭经验，这就像一个小孩儿带着一条狗，不能等弄明白狗想去哪里才带狗去，你要知道它平时去哪里，然后带着它去就是了。"

艾柯卡说。

就像二次世界大战时，美国和同盟国军队开始进攻西欧时，艾森豪威尔老是犹豫不决，但最后，他终于说："不管天气如何，我们现在必须出发，再等下去，危险更大，因此，马上开路。"

艾柯卡也是这样，他听取各方面的意见，但最后，他会说："行了，你们每个人的意见我都听到了，现在，我们准备就这样干!"

如果给一个员工升了职，在他情绪高昂的时候，就对他的成绩给予奖励，同时，动员他承担起更多的责任。而如果这个人被降了职，就不太苛求他。如果有的人犯了错误，就不能再批评他，影响到他改正错误的积极性。

艾柯卡又想起了查利的话："如果你想表扬一个人，最好形成文字，以便他保存。但你要是想严厉地批评一个人，那只要打个电话说一下，不留痕迹，就完事了。"

艾柯卡的"球队"，在"教练员"的指导下，形成了一种积极向上的球队精神。

不作无准备之战

"我的天啊，这种车在美国肯定卖不出去。"

看着面前这种名叫"红雀"的小汽车，艾柯卡把初到欧洲的不适，全部抛到了脑后。

这种车前轮驱动，非常小，还不带行李箱。虽然这种车耗油小，结构简单，但仍让乐于旅行的美国青年难以接受。

这是迈克纳马拉成为肯尼迪政府的国防部长前，批准生产的一种小汽车，准备 1962 年秋天在德国开始生产，计划生产 30 万辆，前期已投入了3500 万美元。

"不行，这种车是要亏本的。也许这种车在欧洲可能会受欢迎，可是，他不会让美国年轻人喜欢。"

回到美国，艾柯卡直接找到福特公司总裁亨利·福特。

"我们现在绝不能生产一种不能吸引年轻人的新车，因为，年轻人将越来越具有购买力。但是，这一点，整个汽车行业还没有意识到。"

的确如此，肯尼迪入主白宫，在美国刮起一阵风，这阵风叫做年轻化。这种风带动着美国的一切都在向这个趋势发展。

亨利·福特看了艾柯卡一眼。

"你和总经理部的董事们讨论一下，看看他们是什么意见。"

福特说。

还好，董事们大多同意放弃生产"红雀"。

那么要生产什么样的新车，才能适应市场呢？

这段时间，几乎每个星期，艾柯卡都要和他的属下聚餐一次，研究生产新车的事。

有消息说，通用汽车公司已将他们的"科维尔"牌小汽车，改装成了"蒙萨"车，只不过加了些华丽的圆背座椅、变速杆，还有一些富有幻想的内部装饰。

"我们怎样拿出一辆新车来呢?"

艾柯卡很着急,通用汽车公司的改装车,正在占领市场。

"我们现在接到了许多群众来信,要求生产两座的'霹雳鸟'牌小汽车。这些代表着什么呢?"

公共关系部的经理默菲对大家说。

"可是,那种车的销量并不好,3年只卖出去5.3万辆。"

负责销售的弗兰克对此不以为然,不好卖的车,可真是够让销售人员头痛的。

"这正说明,顾客的购买兴趣正在变化,他们现在想要那种车了!"

艾柯卡看看他的朋友们,点了点头。

"我们做过调查研究的,结果是,青年人将在今后10年里,占人口总数的较大比例。二次大战后生的几百万年轻人,对美国汽车市场会产生巨大影响,知道吗?我们应该为市场需求造一辆新车出来。

"而且,另一项市场调查表明,现在,美国家庭中买两辆车的家庭增长很快,他们会要一辆比前一辆小些、漂亮些的车。买车、开车的妇女也越来越多,她们愿意买小型的、漂亮的、容易驾驶的车!"

艾柯卡和伙伴们越谈越具体。

"这辆车必须能载四个乘客,车的重量要轻,便于驾驶,此外,它的价钱要便宜,不能超过2500美元。它应该有一个很长的引擎罩,还要有个短货舱,这种样子的车,我在一本《汽车大全》上见过,我觉得它应该能受欢迎。"

艾柯卡说出了他的设想。

"可是,资金怎么办?生产一种新车的投资要3亿至4亿美元。红雀车已亏损了3500万美元,公司还会向这辆新车投资吗?"

这个担心不无道理。

"猎鹰车的发动机、变速器和车轴都有现成的,我们可以利用,新车的外型和驾驶座用新的,这样,我们只要用7500万美元就可以生产出我们的新车了。"

艾柯卡的想法,得到了一阵掌声。

"好,既然这样,我们争取参加1964年4月在纽约举行的世界博览会！那是最适合我们展出新车的地方！"艾柯卡伸出手，伙伴们把手和他的手相叠："加油，加油，加油！"

这时是 1961 年的年底，时间紧迫。

要设计新车的图纸，要送福特设计部审查，还要交董事会讨论，通过后还要生产样车，还要宣传……

时间飞速流逝，可是，新车的模型还没设计出来呢。原先设计出 18 个黏土模型，没有一个令人满意的。

"展开一次竞赛，让设计师们每人至少设计出一种模型。"

艾柯卡决定。

很快，设计师乔的助理设计的模型出来了。

当设计出一半时，艾柯卡看到了这个模型，虽然它还没有全部完成，但艾柯卡发现，这个粘土模型像一只豹子，后保险杠形成一个小小尾巴，前部有护栅，又漂亮又神气。

最重要的是，这虽然只是个黏土模型，可是看起来，却好像在动似的。

"就是它了。"

艾柯卡叫道。

设计部审查通过，董事会也通过了。

董事长亨利·福特见到样车，只提出一点，将车内空间扩大一英寸。

车的名字也确定下来了——"野马"，是二次大战中一种神奇的战斗机的名字，表示它可以在辽阔的土地上奔驰。

野马车内部设计不但华丽而且实用，车内装有圆背靠椅和地毯，而且，可以自己动手，对车进行改良。如果顾客有钱而且愿意，可以另买附件，或者加大马力，买车的人拥有各种选择。

样车出来后，艾柯卡开始进行最后的市场调查。

这次邀请了 52 对夫妇，他们的工资收入一般，而且都已有了一部车了。

其中有夫妻俩都是白领职员的，也有夫妻俩都是蓝领工人的。

艾柯卡没有把新车的价位告诉他们。

"唔，这部车挺漂亮啊，不错，挺好。"白领夫妇挺感兴趣。

"这车太华丽了，是地位的象征。我们买不起，再说，它也太小了，

又那么贵。"蓝领家庭抱怨。

"你们认为这辆车会卖多少钱呢?"

工作人员问。

"怎么也得 3500 美元。"

"差不多……"

工作人员说:"不,这辆车只卖 2368 美元。"

"啊?!为什么不买?我要!我肯定会买一辆!"

"对对,买!如果我把车停在道上,我的邻居们会以为我发了大财。"

"它看上去不像是一辆普通的车,却可以用普通车的价钱买到,为什么不买?合适极了。"

经过最后的调查,看来"野马"车的销量,很值得乐观。艾柯卡预测,"野马"车的销售量,会打破原来的预计的 8.6 万辆。

"野马"之父

这是"野马"车投放市场后,艾柯卡接到的一封顾客来信。

我对汽车并不内行,自从多数牌号的汽车达到饱和后,我就不在汽车行业工作了。而且纽约根本不是该买车的地方。有些养狗人让狗在车轮子上撒尿,小孩子偷走轮轴帽,警察会发停车条,鸽子在车上栖息。街上也是乱七八糟,公共汽车挤你,出租车撞你,而室内停车还要押金。汽油费要高于其他城市的 30%,保险费高得令人把舌头伸出老长。但是,我一旦有了钱,就一定买一辆野马车。

这封信代表了美国人对"野马"车空前的热情。

1964 年 4 月,世界博览会前,艾柯卡推出宣传计划,生产出 8160 辆"野马"车,每个福特公司汽车商的陈列室中展示出一辆。

距"野马"车正式展出前 4 天,100 名报界人士,乘坐 70 辆"野马"

车，作了一次从纽约到迪尔伯恩的长途旅行。700 英里的行驶完全证实了"野马"车的可靠。

结果，几百家报刊在显著位置刊登了大量关于野马车的文章和照片。

"野马"车的照片，同时上了美国《时代》和《新闻周刊》的封面。

展出那天，艾柯卡在 2600 家报纸上刊登了整页的广告。

电视节目中播出了大量的系列广告。

美国人为"野马"车而疯狂了。

4 月 17 日这天，福特公司各地汽车商都被顾客围住。

一位汽车商，因顾客太多，不得不锁上了他的陈列室。而另一个汽车商，被一大群人围住，不能把那辆"野马"车从洗车架上放下来。

还有一位汽车商，遇到 15 个顾客争相出价买他仅有的一辆"野马"车，结果，开价最高的那位买下了这辆车。但这位顾客不走，他要睡在车里过夜，怕银行转来支票前，别人用现金买走这辆已属于他的车。

投放市场的第一个周末，有 400 万人找福特公司的汽车商，要求买车。

原先计划销出 8.6 万辆，还没有投放市场，这个计划就必须得改成 20万辆。

"我们到底能销出多少辆'野马'车呢？如果真的有我们计划的那么好，我们就应该建厂，专门用来生产'野马'车。"

艾柯卡提出他的想法。想当初，迈克纳马拉的猎鹰车一经推出，大受欢迎，但是，由于想象不到它会有多大的销售量，不敢贸然建厂，结果，坐失良机，许多人买不到猎鹰车，也就是说，福特公司少赚了很多钱。

"我们不能犯同样的错误。"

艾柯卡对他的伙伴们说。

"我在代顿做过调查。"

齐默尔曼说。

代顿是通用汽车公司的地盘，通用汽车公司在代顿有几家工厂，汽车经销商们大多经销通用汽车。

"汽车商们怎么说？"

"我对他们说，'野马'车现在是热门货，我们想搞清楚，它的销路到底好到什么程度，因此，我们准备给你们每人 10 辆车，存放备售，同时，我们会把你们预订的车一齐送到。"

如果商人们接受这个提议，意味着，"野马"车在通用公司的地盘上，将占有 10% 的市场。

"经销商们同意了吗?"

艾柯卡小心地问。

"当然，他们高兴坏了!"

"马上向公司高级经理们打报告，要求建'野马'车专厂!"

艾柯卡一向是说做就做的，9 月，福特公司开始把圣何塞工厂正式改成"野马"车专厂，每年可生产 36 万辆，接着又把新泽西州的一家工厂，也改成"野马"专用厂。

艾柯卡心里有个目标：迈克纳马拉的猎鹰车，破了福特公司的销售纪录，第一年的销售量是 41.7174 万辆，我的"野马"能打破他的纪录就行了。

1965 年 4 月 16 日深夜，加利福尼亚的一个年轻人买了一辆有活动折篷的"野马"车，这是销售出的第 41.8812 万辆野马车，而第二天才是野马车的生日。"野马"诞生第一年，刷新了福特公司的销售纪录。

在这些买"野马"车的顾客中，有 80% 的人定购白壁轮胎，80% 的人要求有收音机装置，71% 的人要求四缸的发动机，50% 的人要买自动换挡车，已售出的 10 辆车中，有 1 辆是带有测速器和时钟的。

也就是说，顾客花 2368 美元买一辆车，一般还会花 1000 美元，用在选择他所喜欢的附件上。

一股"野马"狂潮席卷美国大地。

"野马"车推出不到一年，出现了几百家野马俱乐部，还有野马太阳镜、野马帽、野马玩具……甚至一家面包店也打了广告："我们的面包像野马一样畅销!"

有一次，艾柯卡乘公司的飞机飞越大西洋，到欧洲去。

飞机飞到"泰坦尼克号"轮船沉没的地方，看到海面上冰山重重，形状各异。

海上有一艘气象观测船，通过无线电，和机组人员联系上了，告诉他们，附近的天气预测情况。

"风很大呀，我在船上站都站不稳。天气恶劣，浪高 12 英尺。"

"那你可要小心啊。"

"我当然会小心的。哎，你是哪里的飞机？"

"我是福特公司的。"

"是吗?! 太好啦! 我买了一辆'野马'车，请问艾柯卡在飞机上吗？"

这时，一架荷兰皇家航空公司的班机，也插进话来："请问，这是艾柯卡乘坐的福特公司飞机吗？我要和艾柯卡通话。"

接着，另一架飞机也加入进来："我也买了一辆'野马'车，我想和艾柯卡说几句话。"

艾柯卡还在睡着。驾驶员只好把他叫醒："先生，有你的电话，一艘气象船和两架飞机都要和你讲话。"

"我的天啊，我真是无论在什么地方、什么时候都避不开'野马'狂热了。"

艾柯卡长叹一声。

这一声叹息里包含着成功的喜悦。就像一个孩子的爸爸，当有人夸奖自己的孩子时，当所有人都喜欢着自己的孩子时，虽然表面上会表现得很平静，其实，心里怎能不欣喜若狂。艾柯卡也是如此，"野马"车就像他的一个孩子，而且是一个成功的孩子，它在短短的两年时间里，使福特公司，获得纯利 11 亿美元。

再次出手

"不行，不能在侯爵车前带上默库里三个字。如果带上这三个字，就一定卖不出去。"

福特公司林肯——默库里部的经理以肯定的语气对艾柯卡说。在他看来，任何一辆新车，只要带上默库里三个字，等于遇到了死亡之吻。

"为什么不？就从这辆车开始，我们要把林肯——默库里部的形象扭过来。我研究两年了，其实，并不是林肯——默库里部生产的车质量不好，只是和我们自己的产品，和外公司的产品太像了，没有自己的特色。没有特色的车，销量怎么会好呢?!"

艾柯卡坚持他的看法。

"野马"车成功还不到一年，艾柯卡已升为福特公司轿车和卡车系统的副总经理，负责福特部、林肯——默库里部，两个部的轿车和卡车的计划、生产和销售工作了。

林肯——默库里部主要生产高档轿车，原本指望买了福特部汽车的顾客，也会再买默里库车和林肯车，可是，这个愿望落空了，这个部生产的车没有自己的特色，成立了30年，始终不死不活，无法自食其力。

艾柯卡想尽快推出两种车，扭转林肯——默库里部的这种状况。

他要生产的"美洲豹"跑车，豪华漂亮，与"野马"车的外形不相上下。要生产的"侯爵"车，既大又豪华，可以与通用汽车公司的同类车竞争。

"1968年9月不是要为汽车商们组织一次旅游吗？我想利用这个机会，把侯爵车展示出来。"

"当然有，我们经常组织这种活动的。"

这种活动是对汽车经销商们工作的一种奖励，这种方式很受他们的欢迎。

那天，艾柯卡让林肯部以每天4.4万美元的价钱，租用了"独立号"舰艇，从纽约开往加勒比海。

海浪汹涌，鸥鸟展开洁白的翅膀，在头上飞旋。

真是太美了。

汽车商们沉浸在良辰美景中无法自拔。

第二天黄昏，红日悬在地平线上，将落未落。

艾柯卡站到商人们面前："我要给你们看一辆新车。"话音刚落，几百个印有"1967默库里侯爵"字样的气球腾空而起，人们都屏住呼吸，观看这辆闪闪发亮的"侯爵"车。

第二天傍晚，一簇簇火把照亮了海岸，一艘二战时用过的登陆艇驶到岸边，从艇上驶下了白色的美洲豹。车门打开，一个歌唱家走下车来，开始演唱。

随即，开始了对两种新车的宣传。

齐默尔曼找到艾柯卡："我有个点子，可以用一头受过训练的狗熊，拉着美洲豹车，从纽约走到加利福尼亚。嘿，想想，报纸会怎么拟标题吧，'狗熊'拉着美洲豹，从这个海岸到那个海岸。"

"这个想法太疯狂了。"艾柯卡摇着头说，"我已决定采取另一个方法。"

艾柯卡采取的方法是，在一头正在咆哮的美洲豹身下，安放上"林肯——默里库"几个字，拍成电影。并且用美洲豹作为部的标志，由汽车经销商们张贴。

不久，在美国，福特公司"林肯——默库里部"几乎人人皆知了，美洲豹也成了成功的象征。

侯爵车的广告极富创意，其中有一个广告说，侯爵车中悬挂着一个盛着烈性酸的容器，容器下边有一件昂贵的皮外套。人们很快就接受了侯爵车，因为，它的确像广告中所说的那样，既平稳又舒适。

但还是有一个问题困扰着艾柯卡。通用汽车公司生产的"卡地拉"车，销量很好，生产出一种什么车才能和它竞争呢？

这一天，艾柯卡正在加拿大参加一个会。晚上，怎么也睡不着，躺在床上翻来覆去，想着新车的样式。

忽然，他想到一个主意，立即打电话给美国的设计师。

"我想在霹雳车前面安高级铁栅。"

霹雳车是推出不久的车，但销路并不好。

艾柯卡打算，用霹雳车的平台、引擎和顶盖再生产出一种新车。

"咦，我也许应该恢复生产马克车。在霹雳的基础上，生产出马克第三。"

马克车是福特公司的老牌车，后来又生产过马克第二，都是美国当时的一流车，但价钱太贵，没人买得起。

马克第三在艾柯卡脑海里成型了。

"马克第三要有一个长长的引擎盖，后面的货架不能太长，要和原先的马克车一样，后面备一个换用的轮胎……"

艾柯卡越想越觉得这种车一定会有市场。

果然不出艾柯卡的意料，马克第三头一年的销量，就超过了通用汽车公司的"卡地拉"汽车。

　　原先，福特公司的林肯——默库里部，几乎每生产一辆车都要赔钱。自从侯爵车、美洲豹车、马克第三面世之后，情况大变。最好的一年，这个部为福特公司赚了近10亿美元。

登上顶峰

1970 年 12 月 10 日，大雪映照着福特公司总部的玻璃大厦，大厦上的"福特"两个大字更加引人注目。

福特公司会议室，正在召开董事会。

"董事会全体通过，任命李·艾柯卡为福特汽车公司总经理。"董事长亨利·福特的话音刚落，会议室里响起热烈的掌声。

艾柯卡脸上露出了微笑。

也就是说，从今天开始，他将成为福特公司的二号人物。

又是第二号！

上小学的时候，艾柯卡在班级里，名次就总是第二号，不过，那时通过努力学习，总会成为第一号的。在福特公司也是一样，只要我努力工作，亨利·福特退休后，自己会有机会成为第一号。毕竟，福特公司已不是福特私人的了，1956 年，就已转为公办的公司了。艾柯卡微笑着想。

其实，几天前艾柯卡就已经知道了这个消息。

那天亨利到艾柯卡的办公室。

"李，我想，你能够胜任总经理这个位置。"亨利开门见山地说。

玻璃大厦里的日子

库中上班。办公室地板破烂，只有一张破桌子……解雇后，他离开金碧辉煌的总经理室，到一个小仓在福特公司工作了 32 年，当了 8 年总经理，被

"谢谢。我知道,这是董事长对我的信任。我会努力工作,不让董事长失望!"

艾柯卡激动地站起身,恭恭敬敬地对亨利说。

亨利刚一离开,艾柯卡马上打电话,给玛利、给远在阿伦敦的爸爸、妈妈报喜。

"今年圣诞节,我收到了一份最大的节日礼物!"

"可是我们的礼物还没邮给你呢。"

"不,爸爸,我当上福特公司的总经理了。"

"我太为你高兴了,儿子!祝贺你!"

爸爸、妈妈,玛利和两个女儿,听到这个消息,像圣诞节提前到来似的高兴。

早在19个月前,艾柯卡有过一次机会,差一点儿当上福特公司的总经理。

原先那个总经理,亨利不喜欢他。而且,他的工作业绩也不尽如人意,如果他被辞退或者安排其他的工作,艾柯卡就是唯一的候选人。

就在这个时候,通用公司副总经理努森要辞职。亨利听到了这个消息,立即和努森见面,商定努森跳槽到福特公司来,做总经理。

亨利认为,努森会把通用汽车公司的挣钱经验,带到福特公司来。

然而事与愿违,每个公司都有自己的做法。通用公司层层设立机构,已习惯了按部就班地工作,而福特公司的工作风格是,想好了吗?想好了那就去做!

努森,根本就不适合这种工作风格。

最后,亨利只好把努森解雇了。

看着努森的身影走出玻璃大厦,艾柯卡想起了老上司,也是老朋友查利多年前的一句话:"别和亨利走得太近,离他远点儿。他的血是蓝的,而你的血和普通人一样,也是红的。"

亨利不喜欢别人和他走得太近,因为太近,他会认为你对他构成了威胁。而从祖先手里接过福特公司的他,直到现在,还是认为,这家公司仍然是,并且以后也应该是他们家族的产业。

不知为什么,看着努森凄凉的背影,心里竟有了一丝凉意。

刚刚上任,艾柯卡便召开了高级经理人员大会。

"现在我有个名为'四个五千'的计划。也就是说，四个方面，每个方面减少 5000 万美元的开支。这四个方面是，减少机器故障，防止产品复杂化，控制设计费用和革除陈旧的经营方法。"

艾柯卡点燃了新官上任的三把火。

在艾柯卡接任总经理时，福特公司大约有 43.2 万名职工，每年需付的工资总额达 35 亿美元，而福特公司每年利润只占销售总额的 3.5%。

这 3.5% 在 1970 年的福特公司意味着 5.15 亿美元，但艾柯卡不满意，他的计划是达到 5%。

要盈利只有两个途径，一是销售挣钱，二是节支省钱。艾柯卡对销售还是满意的，那么只有在节支上下功夫了。

"四个五千计划如果在三年内实现，那么，利润就能增加 2 亿美元。"

艾柯卡说："而且，记住一点，每个经理要在 3 年内使他的部门盈利，达不到，就把那个部门卖给别人吧。"

经理们都同意艾柯卡的意见。

作为总经理，艾柯卡要抓销售和设计，不过艾柯卡不愿把自己埋在琐碎的事情当中，他认为，减少成本，增加利润，才是一个总经理最应该深入思考的事情。这也是一个总经理必备的素质，他要把自己这种素质发挥到极限。

开会，视察，接电话，打电话，做计划，下命令……

没做总经理前，艾柯卡的习惯是自己开车回家，当他自己开着车时，能够发现车子的性能是否需要做进一步的改进，省了做市场调查的时间。做了总经理，时间明显不够用了，他只好用了一个专门的司机，利用公司到家往返路上的时间，看书和写信。

不过，除非外出，每个周末，艾柯卡都要和玛利和两个女儿享受天伦之乐。

到了星期日晚上，他才会打开公文包，看材料，计划下周的工作。

艾柯卡和亨利的私人关系在这段时间非常融洽。

那天，艾柯卡设宴招待亨利和他的夫人。

恰巧，艾柯卡的爸爸尼克和妈妈，也从阿伦敦来底特律看望艾柯卡。

饭桌上，亨利和尼克聊得很投机。

"李简直可以说是个天才。要知道，他生产的'野马'车，引起了美国的轰动。"

亨利对艾柯卡的评价非常高。

"可以说，没有李，福特部就不会活起来，还有林肯部，没有李，他们还在赔钱。也就是说，没有李，也就不会有福特公司。"

"您对他的评价太高了。"

尼克和亨利碰了一下杯。

"不，这么说其实一点儿都不过分。"

宴会一直进行到深夜。

艾柯卡微笑着，听着爸爸和亨利聊天，艾柯卡感到，亨利对他重视而且信任，亨利的确是在把他作为自己的接班人来培养的。这个冬天，虽然寒风呼啸，大雪纷飞，但艾柯卡仍然感到既温暖又幸福。

父亲去世

1973 年，以色列战争以及随后产生的石油危机，迫使美国汽车业必须迅速做出反应，适应这个危机。美国是最大的汽车工业国，也是最大的石油进口国。而以色列战争引发的石油危机将令世界的石油价格上涨。汽车靠汽油做动力，汽车潮流必将有所变动，耗油小的汽车将大受欢迎！

风雨将来。

通用汽车公司投资几十亿美元，开始生产小型车。克莱斯勒公司也开始生产耗油小的车。

只有福特公司没有动作。

"小车只能赚小钱。"

亨利不同意生产小型车。

"但是，我们一定要生产小型的前轮驱动车。这种车可以在欧洲销售，欧洲的油价高，道路窄。我们不能像一个卖鞋的老板，顾客来了，不管多大脚，我们却只能告诉他，我们只有大鞋。"艾柯卡对亨利说。

事前，艾柯卡派人到欧洲访问过，并打算生产一种名叫"菲斯特"的小型车。

可是福特公司欧洲部的人不支持艾柯卡的想法，不同意生产"菲斯特"。

艾柯卡找到亨利：

"你知道，欧洲部的人不想生产'菲斯特'，你要支持我，不然，这种车就黄了。"

亨利虽然认为小车只能挣小钱，但事实证明，艾柯卡的想法，特别是在市场经营中的想法，大多数都是对的，充满了预见性。亨利拗不过艾柯卡，终于同意，拨款 10 亿美元，生产"菲斯特"。

这时通用汽车和克莱斯勒生产的小型车，已经在美国市场登陆了。

艾柯卡打算，把"菲斯特"改成适合美国的式样，同时投入美国市场。生产这种车，就必须建立与之配套的发动机厂、变速箱厂，需要投资5 亿美元。

亨利坚决不同意再投资了。

艾柯卡又想从日本买发动机和变速箱。

亨利更是不同意："我绝不同意引擎盖上印着我的名字的汽车，里面却是日本的发动机。"

艾柯卡无可奈何。谁让亨利是福特公司的第一号人物，自己只是第二号呢？艾柯卡只好眼睁睁地看着通用汽车公司和克莱斯勒汽车公司，在石油危机中如鱼得水，并没受到多大冲击，而福特公司却无所作为。作为企业家，艾柯卡感到一种羞辱和心痛。

就在这时，艾柯卡又收到了另一个噩耗。

爸爸尼克去世了！

艾柯卡含着泪，匆匆赶回了伦敦。

爸爸难道真的离开我了吗？他是那么坚强，有着无穷的精力。虽然，早在两年前，就知道他得了白血病，开始每周换两次血，体重一直在下降，但他还是那么乐观的啊。

他热爱生活和生命，喜欢好吃的菜，喜欢美酒，喜欢交朋友。

有一次，艾柯卡在棕榈泉主持福特公司经销商会议，他特意邀请爸爸去度假，好能和爸爸在一起聊一聊。

会议结束，大家一起打高尔夫球。

爸爸并不会打高尔夫球，却对这项运动相当感兴趣。

每当他挥动球杆，打出一个球后，立刻追在后面，紧跟着球跑。绿油油的草地在他的脚下飞跃而过，艾柯卡看得目瞪口呆。

要知道，爸爸可是七十多岁的人了。

"慢点儿，爸爸，不要跑，打高尔夫球是要走的，这是一种走路的运动。"

艾柯卡不得不提醒爸爸，爸爸是个老人，重要的是，他还是个病人。

爸爸站住了，扭回身，笑着对艾柯卡说："儿子，当你能跑的时候，为什么要走呢？"

泪水模糊了艾柯卡的眼睛。

他想起爸爸在他小时候对他的鼓励。院子里，那棵爸爸从外地移来的无花果树，仍顽强地生长在陌生的环境中。他想到爸爸讲的那个有关妒嫉的故事，想起爸爸的话——太阳一定会出来的，一定能！想起爸爸问他，长大以后想做什么？后来还引导他，以后就在汽车行业里工作吧……

一切的一切，好像就在眼前一样。

可是，爸爸的确已经走了。

墓穴渐渐合拢。

艾柯卡忽然听到叮的一声。

透过迷蒙泪眼，艾柯卡发现，地上有一块圆圆的金牌，转了几圈，停下来。

妈妈用手帕捂着脸，哭得伤心欲绝。

艾柯卡拾起那块金牌。

那还是在1971年，艾柯卡为爸爸、妈妈结婚50周年，准备了一次大宴会。

"现在，我有一个特别的礼物，送给我的爸爸妈妈，还有各位来宾。"

艾柯卡托出他的礼物。

那是一面金牌，一面是爸爸妈妈，另一面是爸爸妈妈在意大利结婚时的小教堂。

金牌是艾柯卡请他的表弟在美国造币局铸造的，同时，送给每位来宾一面铜牌，上面的图案与金牌相同。

可是，如今已是牌在人去了。

艾柯卡还记得，那年年末，自己和玛利，陪着爸爸妈妈回意大利老家。

到了自己的家乡，爸爸闲不住了。

有一天，玛利紧张地跑来："爸爸不见了，不知他去了哪儿，已经好几个小时了。"

艾柯卡觉得脑袋里嗡的一声。爸爸有白血病，不会是昏倒在什么地方了吧？

"快去找！"

找来找去，后来在一家小店里找到了爸爸，原来，爸爸在这里已经挑了好几个小时的纪念品，还在兴奋地筛选。他要把这些纪念品带回美国去，送给他的朋友们。

爸爸的朋友太多了，有时，艾柯卡甚至感到，自己在福特公司，还没有爸爸认识的人多。

参加完爸爸的葬礼，艾柯卡长久地沉浸在悲痛中不能自拔。

人的生命真是太脆弱了，无论你是多么坚强的人。

他想到了玛利，他这一生的最爱。

玛利的糖尿病非常严重，也许，哪一天，病魔就会把她带走。虽然，玛利也是那么的乐观和坚强。

对自己的两个女儿——凯西和利亚，艾柯卡从不像爸爸教育自己那样严格。爸爸告诉他，要竞争，最后总是："你还不够好，还得努力。永远永远都不要放弃努力。"

爸爸的话，像一座山，艾柯卡觉得，童年时，顶着爸爸的压力，没有感受到一点儿童年的快乐。他不希望把自己身上的山，再移交给两个女儿。如果两个女儿的成绩说得过去，艾柯卡是不太管教她们的，但是，成绩得了 D，他就一定会发火。

为了敦促孩子们学习，玛利想出个办法，用活页纸写出上学日期，让孩子们按 1—10 分，给自己的表现打分。

一次利亚考试不及格，她给自己打了 3 分，平时，她总要给自己打 7分或者 8 分。不过，两个孩子都不敢戏弄自己，因为如果她们给自己打的都是高分，而考试成绩却是低分的话，那可就麻烦了。

艾柯卡深爱着自己的妻子和这个家。爱到他自己不知如何去做，或者该做些什么，他只有用最大的努力尽一个父亲、一个丈夫的责任，让家人幸福。艾柯卡从爸爸的去世，悟出了一个道理：亲人的相聚是短暂的，相聚的日子是有数的，如果分离，将永远不会再见。

别　　扭

"谁在你的手下干活，都不要让他过得太舒服，不要让他称心如意，不要让他想得到什么就得到什么。与此相反，要让他们因猜不透你而焦急不安，失去常态。"

艾柯卡刚当上总经理，亨利就把他的管理哲学告诉了他。

艾柯卡越来越觉得，就像亨利说的那样，自己根本猜不透他——亨利，这个福特公司的一号人物，究竟要做什么。

"艾柯卡，你要把你手下的那个经理解雇掉。"

有一天，亨利心急火燎地找到艾柯卡说。艾柯卡感到莫名其妙，那个经理很能干，而且没发现他有什么错误呀。

"为什么？"

"不要他，他搞同性恋。"

"别犯傻了，他是我的朋友，已经结了婚，还有孩子，我们经常在一起吃饭。"

"他很古怪，女里女气的，不要他。"

"你能不能说得具体一点儿？"

"你看他的牛仔裤，多紧。"

艾柯卡觉得哭笑不得，亨利竟是以衣帽取人的吗？但是他也知道，一旦亨利决定的事，就相当于圣旨，没有人可以违抗，更是不可能更改的。艾柯卡只是为自己的下属争辩了几句，亨利的脸色已经沉下来了。

艾柯卡只好把那个能干的经理辞退了。

艾柯卡像查利对他说的那样，小心翼翼地把握着与亨利之间的距离。

可是，作为公司的高级领导人，怎么能真正做到避开亨利呢？

有一次酒会，亨利喝醉了，大谈公司的困境，并提到，以他为首的公司领导班子，如何努力地解决着这些问题。

其实虽然面对石油危机，福特公司没有像艾柯卡提议的那样生产小型车，但还是赚钱的。

"艾柯卡，你站起来说几句话吧，不然，我们就只有担着骂名了。"

艾柯卡的同事对艾柯卡说。的确，按照亨利的说法，艾柯卡等一班公司的高级职员，几乎成了一群只会惹麻烦的捣蛋鬼。

艾柯卡站了起来。

"董事长先生，我想我有些想法和你的不同。公司里的同事还是比较努力的……"

艾柯卡哪能想到，他不过是说了几句公道话，却惹了大麻烦。

第二天，亨利就把艾柯卡叫到办公室。

"你对外界的人讲话太多了点儿。"

亨利生气了。

这说明艾柯卡已涉足到了他的领域，这是他不能容忍的。在他的领域范围之外，艾柯卡出多大的名，亨利并不介意。不过，不能在他的领域里面指手画脚。在他的领域里，他要说一是一，绝对不能让别人说二。就像在福特公司，他是董事长，所以他根本不理董事会的意见，愿意怎么办就怎么办。因为他们家族在董事会，有40%的投票表决权。

亨利和艾柯卡的关系从那次酒会开始，产生了变化。亨利开始关注艾柯卡的一举一动。只要他感到不舒服，无论事情大小，他一定要让自己的感受好些。在福特公司，亨利用他的权力不难办到这点。

福特公司买了一架727喷气式飞机，作为工作用。亨利把它改装成豪华客机，个人使用，虽然飞机是公司的公共财产。

有一段时间，因为公司业务繁忙，艾柯卡经常使用这架飞机。

亨利气坏了。因为他的律师告诉他，即使亨利是福特公司的董事长，但如果他个人使用飞机，也是要自己付费的，而艾柯卡是公用，只要是公用，那么飞机的费用将出公司负责。

"用500万美元的价格，把这架飞机卖给伊朗国王！"

亨利对艾柯卡说。

艾柯卡没发表意见，管理飞机的经理感到不可理解，甚至是不可理喻：哪有卖东西让自己出个价儿，不让对方出价儿的道理？

"可是，我们是不是让对方出个价呢？"

500 万美元，对于这架飞机来说，太便宜了。

"不必了，我要让这架飞机今天就离开这里。"

最终这架飞机赔了一大笔钱，卖了出去，亨利宁可为此让公司赔了 3.4 万美元。

更让人惊讶的是，有一天，亨利来到艾柯卡的办公室，似乎无意地谈起了纳税的事。

"你交所得税吗？"

艾柯卡又一次目瞪口呆。

"当然要交的，你在开玩笑吧？"

艾柯卡在福特公司年薪 36 万美元，加上奖金等收入，近 100 万美元。虽然收入分成几摊，但每年艾柯卡都要付出他总收入的 50%，作为所得税交给国家。这是每个美国公民应尽的义务。

"原来你也交所得税，那我真有点儿感到担心了。今年我付了 1.1 万元，6 年了，我只付了这么多。"

艾柯卡吃惊得嘴都闭不上了，这怎么可能呢？亨利每年的收入比自己还要多，难道他竟逃税吗？

"你逃税？"

"这件事由我的律师处理。"

"但是，我们公司里的普通员工差不多都要付和你一样多的所得税啊。我不反对你利用政府允许的漏洞，可是，你总该付你该付的数目吧？国家国防开支，还有……"

"这有什么……"

亨利对此不以为然。

我的天，这有什么？艾柯卡不寒而栗。

不要说他是福特公司的董事长，就算是一个普通公民，也要尽自己的义务啊。一个占国家便宜的人，是个什么样的人呢？

玛利对亨利的印象更不好，她总是告诫艾柯卡："小心亨利，那是个小人。"

玛利对亨利的坏印象来自一次酒会。

那天，亨利和玛利谈了许久，亨利滴酒末沾，而玛利也因糖尿病没有喝酒。

两人谈起福特公司高级经理聚会的事。

这些聚会通常在风景胜地召开，研究公司里的一些大事。

"我认为，这种聚会，夫人们也应该被邀请参加。"

"不，你们女人聚到了一起，只会比来比去，你们关心的只有珠宝和衣服。"

"你错了。如果夫人们也一起去，你们每天可以按时休息，不会四处游逛，酒钱会比平时减少一半，而每天早晨，你们还可以按时参加会议，不会因为昨夜醉酒而迟到。带着夫人，你们的收获会更大。"

亨利频频点头。

事后，提到玛利，亨利对艾柯卡说："你的夫人真有见识。"

而玛利对他的看法则与他相反。玛利认为亨利瞧不起女人，虽然福特没有喝酒，但她的想法和查利不谋而合。

查利曾经说过："离他远一些，他喝醉了酒，你会无缘无故地招到麻烦。"

玛利的说法和查利的说法相同。

艾柯卡时时记着这些忠告。虽然他感到很别扭，可是，并不是每个人都有他这样的机会，坐到福特公司，这个世界第二大公司的总经理的位置。这个位置，是艾柯卡用整个成年的时光拼搏努力，才得到的。他觉得，事情总是在变化的，这种别扭一定会峰回路转，向好的方向发展。

可是，他错了。

1975 – 1978 年

艾柯卡走下飞机，奇怪地发现，这次只有自己的助手在机场迎接。他刚从中东访问回国，几个星期以来，一直没有在底特律。

"发生了什么事？"

艾柯卡问助手。

平时他出门，回来时，公司里的下层经理们，有时甚至亨利本人都会到机场来迎接他。如果不是出了什么事，这次不会只有自己的助手来接他。

"出了大事了。"

助手满脸阴云。

就在艾柯卡出门这段时间，亨利召开高级经理会，砍掉了艾柯卡为了应对石油危机而计划的项目——小型汽车的前轮驱动项目。

因为亨利深信，经济大萧条正要来临，不能再投资了。经济大萧条一旦来临，无论多少投资，都会血本无归。

"我才是这条船的船长！"

亨利对高级经理们喊道。

亨利的意思再明显不过：不要听艾柯卡那个总经理怎么说，在福特公司，我才是真正说了算的人物。

艾柯卡作为福特公司的总经理，是第二天上班之后，在墙上看到这个决定的。

艾柯卡气坏了。他知道，自从亨利犯了一次心绞痛后，已经对他产生了另一种想法，那就是，绝不能让艾柯卡成为他的接班人，掌握福特公司，在他心里，福特公司还是他们家族的公司。

艾柯卡的秘书告诉艾柯卡的事，使艾柯卡对自己的预想深信不疑。

"你每次打电话，在公司的信用卡上记账时，都会有记录送到亨利先生的办公室。"

"你的办公桌总是很乱，有时我回家前替您整理一下，每次把东西放在什么地方我都是记得的，可是第二天早晨，所有的东西都被动过了。"

艾柯卡苦笑着说："清洁工当然不会动我桌上的文件。"

清洁工当然不会动艾柯卡桌上的文件。在福特公司，敢动艾柯卡桌上文件的人只有一个，那就是亨利。可是，令艾柯卡更为恼火的事接着发生了。

1975 年秋天，亨利把艾柯卡叫到办公室，开始盘问他与富盖齐合作的事。

富盖齐是艾柯卡的好朋友，开着一家轿车和旅游公司，负责组织福特公司的经销商们旅游。

"我知道，他是你的好朋友，不过，我要对他进行一次全面调查。"

"他出了什么差错了吗？"

艾柯卡不相信，自己的这个朋友会犯什么错误。

"我认为他和黑手党有勾结。"

"不可能！他的祖父从 1870 年就开始做旅游生意，和他接触的都是正派人，再说，要是他卷进了黑手党，他的公司怎么会亏损呢？"

艾柯卡想极力说服亨利，但亨利根本不听他的。

"这些我可不知道，他开了一家轿车公司，轿车公司和卡车公司往往是站在黑手党一边的。"

"你想想吧，就是他才设法让来纽约的罗马教皇坐的'林肯'车，而不是别的车，这给公司带来多大的宣传效应啊。"

"我知道，我知道。"亨利连连点头。

可调查还是开始了。调查开始不久，艾柯卡就发现，亨利说是调查富盖齐，其实，完全是在调查他艾柯卡。

先是调查他在拉斯维加斯召开汽车经销商会议时，是否出现过差错。负责开会费用的圣地亚哥推销处负责人，被叫到总部。

"你从来没给过艾柯卡钱，供他赌博过吗？"

"没有。"

"也从来没人向你要钱吗？"

"没有。"

"那么吃饭时有没有女人在场，我的意思是，有没有女人和艾柯卡在一起？"

"没有。"

这次调查，亨利花费了 200 万美元，调查的人数达 55 人，包括福特公司内部的以及与福特公司有过接触的人。但没有任何证据表明，艾柯卡私人生活不检点，或者其他方面有污点。

亨利改变了战术。

"凯尔门森，把比尔·温解雇掉！"

亨利在打给一个经理——凯尔门森的电话中吼道，没有任何理由和原因，只说了结果，而且要立即执行。

比尔·温是艾柯卡的好朋友，为人随和，非常好相处，对于公司交给他的任务，他总是圆满地完成。

亨利不可能对他有任何意见，因为，比尔·温和亨利从来没有见过面。

艾柯卡得到这个消息时，正在密执安大学里的一个招待会上演讲。在艾柯卡的头脑中，好朋友比尔的影子挥之不去。他做错了什么？只因为比尔是我的好朋友吗？可是，对我的意见和我的好朋友有什么关系呢？艾柯卡想了许多许多。不过，他无法帮助自己的朋友。艾柯卡感到十分伤心。

事情并没有就此停止，亨利还在采取着行动。

"我讨厌那个斯帕里奇，我不愿意他坐在你身边。他老是和你咬耳朵，我可不希望你们两个联合起来对付我。"

亨利在一次会议结束后，拉住艾柯卡，板着面孔对他说。

斯帕里奇不但是艾柯卡的好朋友，还是福特公司的工程师，在"野马"和"菲斯特"小汽车的诞生过程中，斯帕里奇可以说立下了汗马功劳。每当开会，斯帕里奇往往坐在艾柯卡的左边，福特坐在右边。

"我知道这件事很荒唐，可是，真的，你下次不要挨着我坐了。"

艾柯卡只好对他的好朋友和好同事这样说。

为了斯帕里奇不遭到比尔一样的下场，艾柯卡还把他调到了欧洲。艾柯卡想，亨利再也看不到他了，斯帕里奇应该安全了！

可是，还没等艾柯卡松口气，亨利就把艾柯卡叫了去。

"把斯帕里奇解雇掉！"

"你不要开玩笑，他是我们当中最能干的。"

"马上把他解雇掉！要不然，我将请你和他一起离开这道门。"

艾柯卡心中充满了悲伤和愤怒，他实在不知怎么和斯帕里奇谈。

"也许我应该和你一道离开，虽然我的地位比你高，可我也在受气。也许，这还是个好事，要知道，在一个更为民主的地方，你的才干可能会得到更大的承认。"

艾柯卡只好这样对他的朋友斯帕里奇说。

"李，没关系。你知道，亨利就是这样的人。你自己要小心。"

斯帕里奇眼里含着泪对艾柯卡说。

斯帕里奇刚离开福特，就被克莱斯勒公司请去工作了。

艾柯卡感到，自己在福特公司的日子越来越不好过了。

亨利重组了领导层，他是董事长，又提拔了艾柯卡的一个下属做副董事长，并宣布，如果他本人不在，由副董事长代理他的权力。艾柯卡由二号人物成了三号人物。艾柯卡有事，不用再向亨利报告，而是要向自己原先那个下属报告。

这简直无法忍受。

过了不久，亨利又安排了他的一个弟弟进入高级领导层。

这样，艾柯卡这个总经理就成了四号人物。

这些重大安排，亨利本应和艾柯卡研究，但亨利从没有和艾柯卡商量，或者是打个招呼。

随即，福特召见董事会成员，宣布将要解雇艾柯卡。

"不，你这么做是错的。冷静下来吧，我们准备和李谈谈，我们会把事办妥的。"

董事会成员全都反对亨利的意见。

亨利并没有把这件事深谈下去。

1978 年 7 月 12 日，亨利再一次向董事会成员宣布，要解雇艾柯卡。

董事会的成员们一如既往地反对，而且要求亨利重新把艾柯卡放到公司二号人物的位置上来。

亨利脸色铁青地离开了会议室："有他就没我，有我就没他，给你们20 分钟做选择！"

董事会的董事们你看看我，我看看你，议论了一番，屈服了。

艾柯卡对此一无所知，还是精心地为公司努力工作着。亨利所做的，有些他知道，有些感觉到了，有些根本就不知道。无论他是否知道，对于这些事，艾柯卡从不向他的家人说。他怕，怕家人知道了会承受更大的压力，他怕玛利听到这些事，会加重她的病情。

他还有一丝侥幸的心理，希望亨利的弟弟比尔会取代亨利的位置，因为比尔的资本比亨利大一倍，而现在谁都能看出，亨利的所做所为都不太正常了。

苦恼中，艾柯卡想过，干脆辞职算了，可是又不甘心。他从青年到现在 32 年，都是在福特汽车公司工作的，可以说，福特公司的一草一木几乎都和他成为了一体。他从没想过，他离开福特公司、离开汽车会怎样。

而且，作为福特公司总经理，他的年薪已达 100 万美元，比通用汽车公司的董事长赚得还要多，别的地方，不一定会给他这样的位置。

被 解 雇

第二天上班，艾柯卡没听到有关亨利要解雇他的任何消息。

是不是自己听到的消息不正确啊？

有一个朋友，在头一天夜里给艾柯卡打了个电话，向他透露，亨利可能要向他动手，他现在有被解雇的危险。可是，现在并没有动静。

下午 3 点，福特的秘书来了。

"董事长让你到他的办公室去。"

看来一切都是真的，福特的确是要解雇自己了。想到这里，艾柯卡反而轻松了。他整理了一下衣服，走进亨利的办公室。

办公室里，亨利和他的弟弟比尔坐在桌旁，神情紧张。

很长一段时间，谁都没有说话。

过了一会儿，亨利开口了。

"有时候，我不得不按自己的方式做事。我决定重组福特公司领导班子，这是你不乐意的，可是你非得接受不可。我们一直合作得很好，但是，我觉得你就该离开这儿，这是最好的办法。"

"请你给我一个理由好吗？"

艾柯卡看着他说。福特把目光移到一边，不和艾柯卡的视线接触。

"这是我个人的事，我不能告诉你太多，就这样。"

艾柯卡把目光转向比尔。

"那么比尔是什么态度呢？我想知道他是怎么想的。"

比尔也把目光转开了，一声也没吭。

"我的主意已经定了。"

亨利说。

艾柯卡知道，最后一线希望也断了。也就是说，比尔为了家族的利益，已经完全同意了亨利的意见。

"我有一些权益，我不希望在这方面还有争论。"

"这个好办。"

艾柯卡压制住自己激动的心情，与亨利进行谈判。最后他们商定，艾柯卡离职的日子定于 1978 年 10 月 15 日，那天是艾柯卡的 54 岁生日。

艾柯卡列举出自己为福特公司所做的工作，他要让亨利知道，亨利究竟抛弃了什么。

"请你看着我！"

艾柯卡大声对亨利说。

"我告诉你，你将坐失良机！今年我们赚了 18 个亿，加上去年一共是 35 个亿，连续两年的好势头，但是，亨利，请你记住我的话，你永远不会再一年赚 18 亿美元了。你知道为什么吗？因为你压根不懂得我们是怎么把钱挣来的。"

听到艾柯卡这么说，比尔哭了。

"是啊，亨利，不要让李走。"

比尔说。

可是，太晚了。

"这是不该发生的事，亨利太绝情了。你真冷静，跟我们干了 32 年，亨利竟无缘无故地赶你走。你为他竭尽全力，在亨利这一生中，还没有人对他这样的呢。"

出了那间让艾柯卡伤心的办公室，比尔对艾柯卡说。

当天下班，亨利生怕辞退艾柯卡的事情会发生变化，急急忙忙地下达了备忘录，写着辞退了艾柯卡的事，并注明"有事请向菲利普·考德威尔汇报，立即生效。"考德威尔就是原先艾柯卡的下属，如今已升为副董事长了。有些备忘录，下发到了办公室，还有一些，因为办公室没人，亨利亲自下楼，把它们放到了高级经理们的车里。

回到家，艾柯卡的小女儿利亚给艾柯卡打来电话。

她刚在广播里听到爸爸被解雇的消息。

"爸爸，这是真的吗？"

利亚在电话里哭了。

"是的，是真的。"

"可是，你在之前为什么不告诉我们一声，为什么？我们不是你最亲的人吗?"

"事前我一点儿都不知道。"

"您怎么可能会不知道? 你是福特公司的总经理呀! 你总是知道将要发生什么事的, 你会不知道?!"

"可是这回我真的不知道, 亲爱的。"

玛利听到这个消息, 心脏病发作。

艾柯卡忙把她送进了医院。坐在医院的长椅上, 艾柯卡对亨利·福特恨得咬牙切齿。恨他无情地解雇了自己, 更恨他所用的这种方式。这给他的家人带来了伤害, 她们有什么理由, 要受到这种苦难?!

第二天, 艾柯卡照常上班, 不过, 按规定, 艾柯卡在福特公司剩下的三个月, 只能到一个营业所去工作。

那个营业所只是个小仓库。

艾柯卡刚一下车, 新闻媒体的记者们围了上来, 闪光灯啪啪地闪个不停。艾柯卡一直是个新闻人物——"野马"之父, "侯爵"之父, "菲斯特"之父, 给福特公司带来巨大财富的同时, 艾柯卡的名字随着他生产的小汽车, 早已成为新闻记者围追的对象。

"当了 8 年总经理后, 来到这个小仓库, 您有何感想?"

艾柯卡无法回答。

艾柯卡躲进这里的办公室。

"感想?! 我只感到耻辱!"

艾柯卡想。

这间办公室是一间只有一张书桌和一部电话的小房间。地板破旧斑驳, 有着令人怀疑的水印, 桌子上, 摆着两个塑料咖啡杯。

艾柯卡的秘书, 眼泪汪汪地看着这一切。

昨天, 她还跟艾柯卡在福特公司总部, 那座玻璃大厦里工作, 总经理室宽敞舒适, 有总经理专用的洗澡间, 还有居住间, 24 小时都有白领侍者为总经理服务。

艾柯卡坐到椅子上, 想到他曾带自己的亲属参观过办公室, 装饰华贵的办公室, 让亲属们认为来到了天堂。的确, 那里的生活, 简直就是天堂的生活。那里有为高级职员专设的餐厅。这个餐厅可以说是全美国最好的餐厅之一, 英国的多佛鱼每天运来, 以保证它们的新鲜; 不管什么季节,都有最好的水果吃，餐厅四周，摆满了鲜花儿……艾柯卡和他的同事们算过，他们每人在这里吃一次饭的价值，是 104 美元，而他们只要交 2 美元就可以了……

仓库经理走了进来。

"李，请喝杯咖啡吧。"

他手里端着一杯咖啡。

"谢谢。"

这是个友好的举动，但艾柯卡和这个仓库经理都感到很不自在。艾柯卡昨天还是福特公司的最高管理者——总经理，仓库经理想见他都见不到，可是，今天，他这个原福特公司的总经理，却到了这个小仓库经理的手下工作了。

"我为什么还留在这里呢？我家里有电话，有办公桌，还有人给我送邮件。我为什么还要在这里忍受侮辱呢？"

10 分钟后，艾柯卡离开了这个他受尽耻辱的地方，再也没有回去。

福特公司的那些朋友们，生怕艾柯卡会连累到他们，都不和他联系了，甚至连电话都不敢给他打。有时，在公开场合见面，也是匆匆过来握下手，马上离开，怕记者们把这一幕拍了下来，登到报上，让亨利看到了，自己的工作不保。

曾和艾柯卡一起生产"野马"汽车的墨菲，有一天半夜接到了亨利的电话。

"你热爱艾柯卡吗？"

"当然。"

"那么你被除名了。"

亨利说完，把电话挂了。虽然，第二天，他又取消了这个命令，但这足以使福特公司的所有人震惊。

接近艾柯卡也就意味着得罪了亨利，也就意味着失去工作。

与失业相比，朋友的友谊似乎微不足道了。

艾柯卡只有苦笑。

艾柯卡想起了爸爸的另一句话："一个人在他临终时，有 5 个真正的朋友，那他就算是真的伟大了。"艾柯卡苦笑着想，看来，自己肯定不是一个伟大的人了。

登上"沉船"

艾柯卡的离开，在福特公司汽车经销商中引起了巨大反响。他们纷纷给艾柯卡写信，表示对他的关心，还想采取进一步的举动，迫使亨利重新请回艾柯卡。

艾柯卡感到很温暖。

汽车经销商们了解市场，他们明白，由艾柯卡做福特公司的总经理，给他们带来了巨大的收益。失去了艾柯卡的福特公司，是不是还能给他们带来利益，很难估计。

不过，艾柯卡现在想的却是另外一件事。

被解雇后，有许多机会摆到了艾柯卡面前。

国际纸业公司、洛克希德公司这些大公司都和艾柯卡取得了联系，雷屋公司的老板要他去他那儿工作，纽约大学等四家大学的商学院，希望他能去担任教务长……

"可是，我在汽车行业已工作了32年。汽车就像我的血液，离开它我怎么活下去呢？"

自己刚刚54岁，如果就此退休，对于一个企业家来说显然太年轻了，可是自己难道能够放弃汽车行业，去做别的行业吗？隔行如隔山。

"不，不能。我的命根子就是汽车！"

艾柯卡设想，如果把欧洲、日本和美国的汽车公司合并成一个国际性的公司，就会具有强大优势，完全有实力和通用汽车公司抗争。那么，由哪

克莱斯勒沉船

说："我们只有齐心协力，才能让我们的船重新航行起来。"

艾柯卡登上克莱斯勒这条将沉的"船"，对"船"上的所有人

几个汽车公司合并才好呢？通过研究，艾柯卡觉得，最大的可能是由福斯公司、三菱公司和克莱斯勒公司合并，来组成这个国际性的汽车公司。

艾柯卡托朋友调查各个公司的情况，寻求几家公司合并的可能。

调查接近尾声了，朋友了解到了他的想法，无情地告诉他："这个计划行不通！美国的反托拉斯法是不会允许这么做的。"

就在这时，美国第三大汽车公司——克莱斯勒公司，向艾柯卡伸出了邀请的手。

克莱斯勒公司原本具有好名声，不过，时至今日，它就像是一条漏水的船，正在慢慢下沉，或者像一个流血的人，已没有了生机。就在他们向艾柯卡伸出邀请的手时，克莱斯勒公司刚刚宣布，这个季度亏损1.6亿美元，也就是说，这家公司历年来的债务已经高达7.9亿美元了。

公司的名声早就臭了。

克莱斯勒公司在1957年生产过一种畅销车，可是由于急于赚钱，粗制滥造，使车的门窗漏水，发动机失灵，钢板没有电镀，车身到顾客手里没几天，就生了一片片的锈迹。克莱斯勒公司只好把车拖回来，进行维修。因车不合格而回收的费用，每年就要损失掉2亿美元。

密歇根州长应邀将这家公司生产的第一辆小客车，从生产线上开下来，无数照相机和摄像机对准了州长微笑的脸和那辆崭新的小客车，四周掌声雷动。

州长扭了一下点火钥匙，没有动静。

又扭了一下，还是没有动静。

小客车竟然没有起动起来。

这件事简直成了一个笑话。

在想买车的人的心目中，克莱斯勒汽车公司已经没有任何地位了。人们想买一辆好车，克莱斯勒却不能提供，想在以后的日子里，随时得到维修，或者买到配件，可是，却不知道克莱斯勒公司还能生存多久。除了傻子，谁还会选择克莱斯勒汽车公司的车呢？

有一个季度，克莱斯勒不得不解雇了7000名工人，减少开支，以维持公司的生存。

公司内部人事关系和生产秩序也是一片混乱，董事长里卡多和总经理卡菲罗几乎不说话。公司损失了10亿美元，却无法拿出财务报表。设计部门和生产部门各自为政，从不在一起开会研究，有时新车设计出来了，生产部门却无法生产。整个公司没有完整的管理体系，全靠一群管理者指手画脚……

就是在这样一种情况下，克莱斯勒公司的董事长里卡多约见了艾柯卡。

"我们想改变一下局面。因为，情况不大妙。"

里卡多含糊其辞。

"我们今天到这里来，到底要谈些什么？"

艾柯卡做事向来是直来直去的。

"关于聘你的事。你对回到汽车行业工作有兴趣吗？"

"我不能糊里糊涂地去。我需要知道，情况到底坏到什么程度。公司处于一种什么样的状态下，流动资金有多少？明年的执行计划是什么？计划生产的产品如何？特别是你们是不是对完成计划有信心。"

艾柯卡做梦都想回到汽车行业，可是，有些情况是不能不去了解的，这是艾柯卡的性格，不能打没有准备的仗。

里卡多简单地介绍了公司的情况。

艾柯卡发现，原来就算是克莱斯勒的高级管理人员，也不知道自己的公司现在到底是怎样一种情况，甚至有些关键的地方，还不如艾柯卡了解得多。

不过，从里卡多的言谈话语间，艾柯卡感到，克莱斯勒公司并不是完全没有救了，只要给自己一二年时间，完全能使克莱斯勒公司起死回生，再现勃勃生机。

而且，艾柯卡了解，克莱斯勒公司曾使自己公司的标志遍布汽车销售网点，技术力量也要比福特和通用汽车公司强。克莱斯勒公司的技术人员曾设计出世界上最先进的坦克，设计出世界上第一个汽车电子发动装置。为了节油，还制造出了第一架关闭式变矩换向器，第一个电子电压调节器，第一个液压式刹车，并且第一个在引擎盖下装置了电脑设备……现在需要的，就是如何把克莱斯勒这盘散沙凝聚到一起，堵住沉船的漏洞。

自己应该可以做到这一点。

回到家，艾柯卡郑重地和家里人商量这件事。

"我是不是应该到克莱斯勒公司去呢？"

"除了汽车这一行，干别的你都不会愉快的。而且你又太年轻，不能每天待在家里无所事事。一定要给混账亨利一点儿颜色看，让他永远忘不了你！"

玛利恨透了亨利。永远忘不了亨利对艾柯卡的不公平和对这个家庭的伤害。

"只要能给你带来愉快，你就干吧。"

女儿们对他说。

家里人的支持，让艾柯卡下定了决心：登上克莱斯勒这条沉船，用自己的能力，使它起死回生。

只是，不能再当二把手了。

艾柯卡通过亨利对他所做的事，充分意识到，做第二号，永远不能充分地实施自己的想法，那么产生的结果也会打折扣。

"注意，我在这个位置上不会待太久的，这里只有一个头儿，如果你来，这个头儿就是你，否则，我们就不必费那么大劲会面了。"

里卡多看出了艾柯卡的想法，向艾柯卡做了保证。

艾柯卡和克莱斯勒公司商定，艾柯卡到克莱斯勒之后，先担任总经理，1980年1月1日开始，担任董事长兼首席执行官。事实上，里卡多并没有等到那一天，在1979年9月，他辞职了。也就在同一天，艾柯卡成了克莱斯勒的一把手。

艾柯卡提出了另外一个要求，克莱斯勒公司要付给他年薪36万美元，和在福特公司时一样。

艾柯卡并不认为对克莱斯勒提出这个要求过分，因为一个人挣多少钱，是一个人能力和价值的体现。艾柯卡认为，真正的人才，可不是过期打折的商品。人才是可以生金的金子，是宝贝。

不过对克莱斯勒来说，这的确是个难题，因为董事长里卡多的年薪也不过是34万美元。

克莱斯勒公司开了几个会，商议出这样一个结果，把里卡多的年薪提高到36万，艾柯卡的工资和他一样。

还有一个问题。

福特公司在艾柯卡离职后，将会给他150万美元的离职金。但是，如果艾柯卡仍在汽车行业工作，这笔钱就不再给他了。

"别担心，这笔钱我们付给你。"

求才若渴的里卡多，大包大揽地对艾柯卡说。

1978 年 11 月 2 日，艾柯卡到克莱斯勒公司上任了。

虽然，公司连续三个季度亏损，但那天的股票却在收盘时增长了 3/8。艾柯卡想，这是股民们投给自己的信任票。"从现在开始，事情一定会变得好起来的。"艾柯卡对自己说。

重组球队

不时有经理端着咖啡杯，随意地推开总经理室的门，进进出出；里卡多的秘书花好多时间用董事长的专线电话聊天儿；一位副总经理同时负责销售和制造，可是，两个部门间却从不联系；许多人的能力适合在别的位置上，却在其他位置做着不擅长的工作，随意取消生产计划，因为，仓库里堆着价值 10 亿美元的旧车……

艾柯卡发现，克莱斯勒公司的一切和福特公司都不同。

克莱斯勒比他想象的、了解到的要糟得多。

不但工作缺少计划，没有现金周转，更可怕的是，当艾柯卡想要一份财务报表的时候，他们好像在听一种外国语，根本拿不出来。

公司里的 35 名副总经理，各自为政，相同的只有一点，把自己分内的工作搞得乱七八糟。

在艾柯卡上任后的三年里，他们被解雇了 33 名，也就是说，一个月解雇一名。艾柯卡也想过，最好是能尽量让这些人留任，可是不行，就像查利对他说过的一样："一个人过了 21 岁后，很难改变已经养成的作风和习惯。"这些人已经习惯了克莱斯勒的管理和工作方式，根本适应不了新环境。

艾柯卡集中精力，把仓库里的旧车全部处理掉了。

然后，他打开从福特公司带来的笔记本，那上面记着福特公司优秀财务管理人员的名字。艾柯卡明白，现在他首先要做的就是重组他的球队，然后才能参加比赛。不然，现在的球队上场，不用 10 分钟，就会被打得落花流水。

艾柯卡注意到了杰拉尔德·格林沃尔德这个名字。

这个人 44 岁，是个犹太人，出身于农民家庭，曾在普林斯顿大学攻读经济学。他是个能分析问题、解决问题的企业家。他一直在努力跳出财务的圈子，事实上，他在别的方面也具有相当强的才干。

"不要给他回电话。"

艾柯卡给格林沃尔德打电话，他没在。艾柯卡让他的妻子转达，请他给自己回电话。

格林沃尔德的妻子却是这样对格林沃尔德说的。因为，她感到他们家的平静生活可能就要被艾柯卡的这个电话打破了。

格林沃尔德还是回了电话。

艾柯卡和他第二次见面是在拉斯维加斯。

格林沃尔德对是否去克莱斯勒公司迟疑不定。到克莱斯勒也就意味着放弃福特公司的优厚待遇，踏上沉船。还有一点顾虑："多年来，自己在福特一直想跳出财务管理这个小圈子，到克莱斯勒还不是又回到原来的圈子里去。"

"我准备让你建立一个财务控制机构，当这个机构建成后，你可以调换工作。"

就在格林沃尔德要走出去时，艾柯卡又叫住了他。

"杰里，"艾柯卡亲切地叫着格林沃尔德的昵称，"请耐心等待，你会比你想象的更早当上总经理的。"

艾柯卡没有失言，格林沃尔德到了克莱斯勒，不到两年，就做了克莱斯勒公司的第二号人物——总经理。

艾柯卡的朋友斯帕里奇，就是那个因亨利觉得他和艾柯卡走得太近，而被解雇的斯帕里奇，比艾柯卡早到两年。他了解整个克莱斯勒公司，包括那些被埋没的人才。艾柯卡把他提为副总经理，负责产品计划部。

克莱斯勒公司和汽车商的关系很糟，艾柯卡请出福特公司退休的劳克斯，因为他在福特公司做过销售，并担任过福特部的销售经理、林肯—默库里部的经理，工作经验十分丰富。

"公司新的领导班子，会使公司在各项业务工作中走上轨道，我们承认质量有问题，并决心改进。我们要履行自己的承诺，照预算生产，按计划办事。公司正在发生大的转变，从今以后，你们可以信赖我们。"

劳克斯对汽车商们说。

原先他只答应担任几个月的咨询员工作，在艾柯卡动员下，他留在克莱斯勒公司工作了两年，专门从事销售工作。

为改进质量，艾柯卡又请到了福特公司退职的汉斯担任顾问。汉斯原本是福特公司福特部的主要工程师，还负责过整个福特公司的汽车制造，对汽车行业更是个行家里手。

汉斯用了一年半的时间解决、整顿了汽车制造系统的纪律。

艾柯卡还请到了福特公司已退职的伯格莫塞负责采购工作。原来，伯格莫塞在福特公司任副总经理，负责了30年的采购工作。

"我在替你挖掘，但是翻开的大石头下藏着的东西，让你难以相信。"

伯格莫塞对艾柯卡说，说完两人相视大笑起来。

还有负责监督质量部门的乔治，负责公司制造部门的沙夫，负责制造的多奇……

还有克尼恩—埃克哈特广告公司。

这个公司，在艾柯卡任福特公司林肯—默库里部经理时，曾在侯爵车和美洲豹车的宣传中起到很大作用。为了加入克莱斯勒，他们放弃了福特公司7500万美元的业务。

"我们希望你考虑买克莱斯勒的汽车。你们来开一辆试试，如果你们来了，即使最后决定买其他公司的车，我们也将赠送50美元作为酬劳。"这个为改变克莱斯勒汽车公司的形象的广告引起了巨大轰动，虽然有人怀疑，是否会有人恶意退车，但大多数顾客都极诚实，并且，事实使他们相信，克莱斯勒说话是算数的。

这些人，无论是新人还是老人，年轻的还是年老的，都有着和艾柯卡一样的特点：敢于挑战，敢于冒险，在任何艰难困苦中，都不屈服。只有自信，没有悲哀和绝望，有性格有勇气！

这些人和艾柯卡一道，拧成一股绳，把克莱斯勒公司这艘沉船，缓缓地向上拉起。

看着自己的球队，艾柯卡露出了微笑。

"一切都会慢慢好起来的。"艾柯卡重复了这句话。然而他没想到的是，沉船很快遇到了一座冰山，在与冰山相撞的瞬间，已漏水的沉船几乎挡不住这猛烈的撞击。

遇到冰山

"节省！生存！只有节省才能生存。为了生存必须节省。现在到了我们采取措施的时候了。"

每次会上，艾柯卡都要对公司的高级经理们这样说。克莱斯勒公司已经到了生死存亡的关头了，当务之急是采取相应的措施，让克莱斯勒生存下去。

"关掉对我们最为不利的工厂，解雇掉一些人，减少开支。就像我的那个参加过二次大战的表兄一样。他是个医生，以救死扶伤为天职，但是如果在战场上接到 40 名重伤士兵，如果一共只有 3 个小时，我们能抢救几个？只有选择能救活的重要的几个，剩下的只有听天由命啦。"

"虽然我们现在支付机器和部件的钱有困难，但是，那些供货单位还得支持我们，让他们知道，我们的生存，需要他们支持。"

"机械部件要用的时候再运来，加快运到工厂的速度，又能省下一笔钱。"

"必须弄到一笔现金，应付日常的开支了。还要关掉一些厂子，放弃一些自己的地盘，因为我们没钱了，知道吗？"

艾柯卡不断抛出一个又一个省钱的措施，有些措施，在他看来也非常残酷，可是没办法，在这种时候，只有一个选择——放弃！

因为，克莱斯勒公司这艘沉船遇到了冰山，而且不是一座。

1979 年 1 月 16 日，伊朗国王下台了。表面上看来，这和美国的克莱斯勒汽车公司似乎没什么关系，可是，别忘了，美国是最大的石油进口国，而伊朗是最大的石油出口国，而且大多数出口给美国。伊朗局势的混乱，造成石油无法出口，而汽油是汽车的血液，没有汽油，汽车就无法开动。

几个星期之间，汽油价格涨了一倍。

尽管如此，人们为了买汽油，还是在每一个加油站排起了长长的队伍，不时因汽油的采购发生争执和骚乱。买到汽油了，每个人都尽量把油箱加得满满的，还要把带来的桶也加满。

能源危机像是秋天草原上的一粒火种，迅速向整个美国大地蔓延。

而这时克莱斯勒公司生产的，都是大型车，体积大，成本高，出售价格自然也高，同时，还特费油。

最不幸的是，就在艾柯卡打算立即做出反应，生产小型车时，美国又一次陷入了经济衰退。整个美国的汽车销量下降了一半，在这一半的份额里，克莱斯勒公司当然又是排在最后面，因为通用汽车公司和福特公司，财大气粗，都有能力投资小型车的生产。

克莱斯勒公司却在为如何给工人发工资而发愁。

艾柯卡能做的只有省钱、再省钱，省下钱来投资到小型车的生产中。

克莱斯勒最需要的就是现金！

董事长里卡多退职前，做了几件事。把澳大利亚的几家分公司卖给了三菱公司，把委内瑞拉的业务卖给了通用汽车公司，把巴西和阿根廷的分公司卖给了福斯公司，把欧洲的分公司卖给了标致公司。

又过了一段时间，只好又把克莱斯勒生产坦克的工厂，卖给了通用动力公司。

这是没有办法的办法。

可是，克莱斯勒只不过解了燃眉之急，还是没能从困境中走出来。

"只有裁人了。"

艾柯卡低下头。这是他最不愿意做的一件事，因为，他也曾经被解雇过，知道被解雇的人心里是什么滋味。

可是，不这么做，克莱斯勒公司就没法生存下去。

1979 年到 1980 年，艾柯卡不情愿地解雇了几千名工人，有白领职员，也有蓝领工人。后来又解雇了一些人，这样，一年可以节省下来 5 亿美元的开支。

与此同时，艾柯卡不断地寻找能够向克莱斯勒投资的人。在 1979 年到 1980 年间，艾柯卡举行了几百次投资会，可是大多数投资者都是说大话的，或者干脆就是个骗子。

艾柯卡还有一种设想：与德国的福斯公司合并。

艾柯卡和福斯公司的老板是老朋友。

"两个公司合并，生产一种车，克莱斯勒在美国销售，福斯公司在欧洲市场销售。"

艾柯卡对福斯公司的老板说。

这是一次秘密的会谈。如果这个计划得以实施，汽车销售量将大大增加。

福斯公司的老板点了点头。

不过，福斯公司负责销售的副经理坚决不同意。

这个曾经在福特汽车公司艾柯卡办公室实习过的经理，对艾柯卡说："福斯公司永远不会和克莱斯勒公司合作，因为克莱斯勒公司形象不好，生产的汽车质量差，汽车商组织力量薄弱。"他说得很有道理，这个计划对于福斯公司来说的确太冒险了，不但不能把克莱斯勒公司这条沉船拉上岸，反而会把福斯公司也拖下水。

这个计划就这么搁浅了。

有意思的是，4 年之后，福斯公司主动找到艾柯卡，要求他们收购福斯公司，原因是福斯公司的车卖不出去了。

多次寻找出路，走到最后，总是发现，面前是一堵墙，都是死胡同。

里卡多比艾柯卡还要着急，因为虽然他即将离任，可他现在还是董事长啊。

里卡多决定向政府请求援助！

他先是争取国会支持政府有关规定冻结两年的要求，如果这个目的达到了，那么克莱斯勒公司，就不用在废气排放和汽车安全上投入大笔资金，只要把现成的发明买下来就可以了。但国会不同意："每个汽车公司都要自己单独研究，不许商量。"国会的意思是，反对拖拉斯，反对垄断，这是我们的一贯原则，你还提这种要求，不是自讨没趣吗？

里卡多还想让政府退还税收贷款。如果这个目标达成，克莱斯勒为政府安全和排污规定所花费的资金，可以归还回来，总数是两年共 10 亿美元。今后，政府可以用高于现在的税额，收回这笔贷款。这样的事，早有先例，然而，里卡多又一次被拒绝了。

此时，石油价格早已增长了一倍，汽车销售量一降再降，克莱斯勒用于生产前轮驱动的小型车的每月开支要 1 亿美元，一年就是 12 个亿，而每个星期五，还要拿出 2.5 个亿来发工资，和用于支付上周购买零部件的款项。

怎么办？怎么办?!

有人向艾柯卡提出建议：可以向政府提交一份怎样生存的计划，政府可能会考虑提供贷款。

艾柯卡专门开了个会，研究这个建议。

"我决定向政府申请贷款保证了。"

斯帕里奇听到艾柯卡这么说，坚决表示反对："不行，如果政府插手公司，会把公司搞垮的。所有的人都会对公司丧失信心，那么公司就永无翻身之日了。"

不错，如果向政府求助，人们都会认为，这家公司已到了破产的边缘了，工人们会人心浮动，顾客们也不会再买公司的汽车。如果买了，以后它破产了，到哪儿买配件，到哪儿维修去呀？

其他人也纷纷表示不同意这么做。

"好吧，你不愿意去找政府是吗？我也不愿意，那么你给我想个更好的办法吧！"

艾柯卡对他们说。

没有更好的办法。

对于克莱斯勒公司目前的情况来说，向政府求助，这是最好的办法了。

艰苦求援

贷款在美国，像吃饭一样平常。克莱斯勒公司向政府申请 10 亿美元贷款保证时，政府已有 4090 亿保证贷款在外了。

就连华盛顿的地下铁道，都得到过政府贷款。可克莱斯勒公司贷款却是那么难，难到众议院、参议院、政府，包括美国的企业、报纸媒介，都反对政府给克莱斯勒贷款。

"面对现实看一看吧，地下铁道不过是首都的一件展览品。"

艾柯卡对国会的人说。

"展览品？这是运输网。"

国会对艾柯卡不理不睬。

"那好，你们到底以为克莱斯勒汽车公司是什么呢？"

如果艾柯卡还是福特公司的总经理，他也许也会说："我相信适者生存的道理，让该破产的破产吧。"可是，现在情况不同。现在的艾柯卡是克莱斯勒的董事长，他要为公司带来光明。

但政府的态度，分明是想让克莱斯勒破产！

来自企业的反对声，更是强烈。

1979年11月13日，美国制造业协会下属的企业圆桌会议政策委员会，就克莱斯勒公司要求贷款的行为，发表了声明，强烈反对政府提供贷款：

> 现在，政府、企业和群众越来越意识到，政府干预经济活动付出的高昂代价和收到的低效率，因此建议政府进一步参与经济活动就尤其不妥当。现在是重申"不要政府帮助"的原则的时候了。

艾柯卡看到了这份声明。他不明白，企业界的这些领导们是怎么了，非要落井下石，而且不讲道理。

他给企业圆桌会议写了一封信：

> 最后，我认为我接受你们最近的邀请，而成为企业圆桌会议的一员将会给其他成员增添难堪。我希望参加的是一个能够在互相信任和尊重的气氛中对重要的经济和社会问题展开讨论的企业界讲坛。圆桌会议的新闻通报表明，它的政策委员会不存在这样的机会。因此，请允许我表示诚挚的遗憾，并请接受克莱斯勒公司退出企业圆桌会议的要求。

艾柯卡的观点很鲜明，赞成企业自由。可是，一个公司，由于政府实施不合理的法规，使它陷入困境，在这种情况下该怎么办呢？

克莱斯勒公司今天的状况，管理不善要负主要责任，但最后使这陷入困境的是政府的法规束缚。

艾柯卡用一周的时间，向国会说明他的这个观点。

"你为什么总到这里来叫嚷法规?!"

国会里的人不耐烦了，不断地问艾柯卡。

"因为是你们订了这些法规，却让我们承担责任!"

"你们现在的情况是你们的经营管理造成的。"

"行，我们不要再争论了。你们有 50% 的错，我们也有 50% 的错。你们现在想让我做什么？把那些过去做错事的人绑到十字架上钉死？还是让我们回到现实问题上来吧！是你们使我们陷入了困境!"

艾柯卡又找到政府，向他们说明，如果克莱斯勒倒闭，会是什么样的情形。

"如果克莱斯勒倒闭破产，全美国的失业率会在一夜之间上升 0.5%。难道这样国家的日子就好过了？如果克莱斯勒倒闭，几十万美国劳动力外流到日本，难道对企业自由就有好处了?"

艾柯卡又转回到国会。

"财政部估计，如果克莱斯勒倒闭，国家在第一年就要向公司的失业工人支付失业保险费和福利费 27 亿美元。你们可以选择，愿意现在就付 27 亿美元呢，还是愿意提供以后有机会归还的 27 亿美元一半数目的保证贷款？前面的一种可能现在就付，后面的一种以后再付。"

艾柯卡奔跑于位于华盛顿的国会、政府之间，不得休息。

但让克莱斯勒破产的呼声并没有因此改变。

《华尔街日报》几乎每天都有一篇报道克莱斯勒坏消息的报道。《让他们死去而保持尊严》，建议让克莱斯勒"在贫困中死去"。另一天的报道则说贷款保证是"救不活克莱斯勒的"。随之，全美国的漫画家，都在以克莱斯勒汽车公司为对象，连篇作画，给予嘲讽。就连艾柯卡的妻子玛利和两个女儿，走在街上，都会被人嘲笑说，这就是只要活着不要尊严的克莱斯勒汽车公司董事长的家人。

不过，克莱斯勒公司如果真的如他们所愿，破产了，那将导致更残酷的一幕。克莱斯勒的破产，会使美国公民增交失业、福利等税金 160 亿美元，靠克莱斯勒公司生存的几千小企业都将难以维持。克莱斯勒的工人失

业后，同样处于经济衰退中的通用公司、福特公司也不会雇佣他们，每个公司都在裁人……

1979 年的最后三个月里，艾柯卡感到身上像有一座大山似的，整个身心都在承受着压力。

每个星期，艾柯卡要到华盛顿三次，每次去，一天都要安排 9—10 个会见，每到一处都要重复同样的讲话，提出同样的观点，面对同样的争论。

而且还要维持克莱斯勒公司的正常运转。

与此同时，玛利的糖尿病又发作了，好几次，艾柯卡不得不飞回底特律，陪着她。

有一次，艾柯卡走在国会的走廊里，突然感到不对，整个人好像走在棉花上，头晕眼花，差一点昏过去。

人们七手八脚地把他送到医务室，检查结果出来了，说是头晕症。这种病是由于内耳失去平衡造成的，艾柯卡在 20 年前犯过一次。不过，这次更加严重，紧张和压力，使艾柯卡的脑子里好像装满了石头子儿，总是哗啦哗啦地响个不停。

再生机会

"我希望能让大家清楚两件事：一、克莱斯勒公司决不会关门。二、我们正在生产美国真正需要的汽车。至于怎么做，你们自己去考虑吧。"

艾柯卡找来广告公司，对他们说。

很快，一系列广告打了出来。这次的广告与以往不同，它不是为了推销汽车，而是宣传克莱斯勒公司的事业，公司的未来。

主要是表明克莱斯勒公司对贷款保证的看法。

"我们不仅仅制造耗油巨大的车，我们还有别的车。我们申请贷款保证，不是要求政府的施舍，不是白要政府的钱，每一块钱都会还回去，而且，都是有利息的。"

艾柯卡对广告公司要求，这类广告，一定要通俗易懂，坦诚直接。

"没有克莱斯勒的存在，难道美国人的日子就会过得更好吗？"在这些广告中，还提出一些问题，并做出了明确的回答：

是不是人人都知道，克莱斯勒生产的汽车，每加仑汽油跑的里数最糟糕？

克莱斯勒生产的大型小汽车是不是太大了？

克莱斯勒生产小汽车的速度是不是太慢了？

是不是克莱斯勒生产的汽车型号不对路？

是不是克莱斯勒的问题没有人能解决得了？

克莱斯勒公司的管理阶层真的是无力转危为安了？

克莱斯勒公司本身是不是已尽了自己最大的努力实行自救？

克莱斯勒还有前途吗？

艾柯卡在每一张广告上都写下了自己的名字。这是一种保证："我就在这里，实实在在地在这里。我为这家公司负责，为了表示我说话算数，本人在这里签下名字。"

广告非常成功，看报纸的人在一版上看到，克莱斯勒公司已经要完蛋了，可是，在里面的版面上，会看到艾柯卡代表克莱斯勒公司发表的不同说法。

与此同时，众议院和参议院的对贷款的听证会也开始了。

艾柯卡坐在下面，只有抬起头才能看上面的提问者。摄像机、照相机的闪光灯围着艾柯卡闪个不停。

"我相信诸位都明白，我今天在这里决不是代表我一个人说话。我代表着成千上万靠克莱斯勒公司为生的人们。事情就这么简单，我们有 14 万职工和他们的家属，4700 家汽车商和所属的 15 万职工，1.9 万家供应商和他们雇用的 25 万人，还有这些人的全部家属。"

"克莱斯勒无法承受宣告破产的结局。我们的计划很周密，我们相信，会很快完善市场占有率，很快就会赚钱……"

……

无休止的提问，回答，提问，回答。

这些不过是一小部分，艾柯卡还要参加更多的小型秘密会议。

一天，新泽西州的一个议员把艾柯卡带到会议室："我想请你和我的伙伴们谈谈。"会议室里坐了 31 位议员，艾柯卡向他们讲述了自己的主张，后来其中 30 位投了支持票。

底特律的黑人市长几次参加了听证会："一旦克莱斯勒破产，对底特律的影响是不堪设想的。"这位黑人市长曾是当时的总统卡特的支持者，他说的话，对总统很有影响。

工会主席弗雷泽在国会作了证词："我到这里来不是为克莱斯勒公司辩护，我担心的是，克莱斯勒破产，会给工人和社会带来可怕影响。"弗雷泽为此对白宫进行了几次访问，他是副总统蒙代尔的好朋友。

艾柯卡亲自到白宫找过卡特总统。

卡特笑着对艾柯卡说："我和我的妻子都很欣赏你在电视上做的广告，你已经变得和我一样出名了。"

总统表示，他支持克莱斯勒……

投票表决的时刻到了，艾柯卡屏住了呼吸。

众议院以 271 比 136，参议院以 53 比 44 通过了对克莱斯勒公司的支持。

法案的通过，恰恰是在圣诞节前，家家户户都在欢天喜地。克莱斯勒公司和艾柯卡，对前途都看到了希望。这是一次机会，一次重生的机会。

一个"贷款保证委员会"设立起来了，这个委员会有权拨给克莱斯勒 15 亿美元，不过，这些贷款必须在 1990 年年底前还清，还有许多许多附加条件。

艾柯卡全部接受。

好在，法案通过了。艾柯卡暗自庆幸。几个星期后，共和党执政了，里根入主白宫，成为美国的总统。到了那时，这个法案能否通过，肯定是个未知数。

贷款法案的通过，不过是在黑暗中看到的一线光明，剩下的工作更加艰难。

首先是来自银行方面的。

克莱斯勒公司和克莱斯勒的关系企业—克莱斯勒金融公司，一共欠400 多家银行和保险公司 47.5 亿美元。

这些贷款都是几年来积累下来的。

这些银行分布在美国的 50 个州，甚至遍及全世界，有的在伦敦，有的在渥太华、巴黎、东京等等地方，有大银行，也有小银行。而且每家银行的情况都不同，有的过期还没有还，有的直到 1995 年才到期。

在参、众两院听证时，这些银行就都希望克莱斯勒破产。因为，他们的钱大多数是借给克莱斯勒金融公司的，他们认为，克莱斯勒的破产，与他们借出去的钱没什么关系，他们的债权还是能得到保证，照旧能收回钱来。

所以，他们说，不能再向克莱斯勒投入了，而且要马上收回他们的贷款，因为，克莱斯勒现在的情况就像是个无底洞，无论往里面放多少钱，立即就会无影无踪。

怎么才能使银行也与自己同心协力，共渡难关，成了摆在艾柯卡面前的又一堵墙。

智取银行

艾柯卡指定杰里和史蒂夫同银行进行谈判。

他们两人可以说是谈判的行家。

这两个人设立了一个由 20 个人组成的特别工作组，四处奔波，同银行进行谈判。

并且，请经济专家准备了一份《破产清理备忘录》，交给各个银行。这份备忘录说明，贷款无论是给了克莱斯勒公司，还是给了克莱斯勒金融公司，都是一样的，如果公司破产，所有贷款将被法院冻结 5—10 年，还要每年减少利息。

如果银行做出一定让步，克莱斯勒公司仍旧存在下去，渡过难关，无论是对银行还是对克莱斯勒公司，都有好处。

这一点，银行方面也认识到了，很快，全部同意做出让步。

但怎样让步，由哪家银行做出让步，又起了纷争。

美国一些银行说："我们才不管那些银行呢，应该由外国银行做出让步。"

外国银行不同意。

日本银行说："在日本，一旦有了问题，都是自己国家的银行承担，首先要偿付外国银行的贷款。这是美国的问题，应该让美国银行来处理。"

欧洲银行也说："我们不准备和你们合作。这是美国的问题，你们美国银行当然要先做出让步。"

美国银行一看，情形不妙，马上改变了说法："不，别这样，我们应当齐心合力，如果破了产，法院对所有银行可都是一视同仁的。"

这种争论让负责谈判的史蒂夫头痛。在一次银行之间的争论中，他掏出一把玩具手枪，顶在自己脑门上："要是你们还是不能达成妥协，我就要自杀了。"虽然这是一句玩笑话，但足以说明，银行的争论，到了一种什么样的程度。

"银行怎样才能做出让步呢?"

艾柯卡开了一个会，会上大家七嘴八舌地说了半天，也没拿出个准确的意见。

"我看，我们给他们1200万股的购买股票权利的证书，但必须在1990年前，每股股票涨到13美元时，才能兑现。"

艾柯卡做出了决定。

这时克莱斯勒的股票每股才3.5美元，要想涨到13美元，好像还是个梦。

贷款保证委员会听说了这件事儿，也要去了1440万股的认购权，因为他们认为，他们的风险比银行还要大。

屋漏偏逢大雨。艾柯卡发现，公司已经没有现金了，而且，这时还要向供应商们付货款，如果不付，他们随时会停止付货，那么，不等贷款到手，克莱斯勒只有停产，然后宣布破产。

还好，供应商们把贷款送来了。

与银行谈判代表们的另一次经历，更能说明克莱斯勒的糟糕情况。

代表们在会议期间，想订一份三明治。

"你们是哪里的?"餐厅问他们。

"克莱斯勒公司。"

"克莱斯勒公司？对不起，除非你们先付款，否则，我们不给你们送！"

就是在这种情形下，各家银行还是没有反应。

"我给你们一个星期的时间考虑，4月1日，我们再开会。"

史蒂夫对各家银行代表们说。

虽然，银行代表们都说："我们才不来呢。"却还是按时坐到了会场上。

史蒂夫脸色沉重："先生们，昨天晚上，克莱斯勒公司董事会举行了紧急会议，由于目前经济衰退，公司严重亏损，利率的上升，还有银行的不支持态度，公司决定今天早晨，9点30分，宣布破产。"

会议室里，银行代表们没有一个人开口说话，空气就像凝固了似的，每一个人都感到了压力。

"我该提醒各位，今天是4月1日。"

史蒂夫接着说。

所有的人都松了口气，但都在想，如果真的出现这种情形，会怎样呢？要不让这种情况发生，只有一个办法，与克莱斯勒公司达成协议。

史蒂夫这次提出的计划，几乎全部银行都接受了：到期的贷款延期收回，4年内，以5.5%的低利率，付40亿美元的贷款利息。

只有伊利诺州罗克福德市的美国商业银行不同意，他们认为，即使政府给了贷款保证，克莱斯勒也完了。所以，他们要求，收回他们的65万美元的贷款，不接受这个计划。

史蒂夫和银行的董事长谈，可他的态度坚决："对不起，无论怎样，你要把欠我们的钱还给我们。"

不过，没几天，这个银行的行长就改变了主意，宣布同意这个计划。

因为罗克福德市是克莱斯勒公司主要生产线所在地。当地的工人，还有克莱斯勒的供应商，以及靠克莱斯勒生存的小公司，给银行打去电话，警告说，如果银行不同意，他们将把存在这家银行的钱全部取走。从这些警告中，银行的董事长发现，人们都在支持克莱斯勒。

6月底，所有的工作都做通了，只差把需要签字的文件整理出来。由于银行太多，为了协议而花费的印刷费，高达200万美元，堆在一起的话，足足有7层楼那么高。

6月23日，艾柯卡召开了一次会议，让大家把所有的文件都准备好，明天举行签字仪式，如果有一份文件丢失，整个交易就有可能失败。

7点30分时，大家忽然发现，窗外升起了一片浓烟。

发生了什么事？

很快得到通知，第20层着火了！

艾柯卡和大家撤到楼下，眼看着一间间办公室着了起来，心急如焚。

所有的文件都在这栋大楼里，如果文件被烧掉了，明天的签字无法进行，克莱斯勒公司必定破产无疑。好在，大火只在20层以下蔓延，文件全都放在30层以上的办公室里。

第二天凌晨，他们说服警察，冲进大楼，把所有的文件装进了邮包，抢了出来，上午9点到12点期间，清点了一遍，文件竟然一件不少。

中午12点45分，签字仪式在欢呼声中结束了。

艾柯卡长出一口气。如果说，整个比赛已经到了中场，那么，克莱斯勒公司总算又站到了起跑线上，通过整个球队的争取，克莱斯勒并没有被裁判罚出场外。至于比赛结果怎样，那就要靠教练和全体球员的努力了。

年薪一美元

"**我**的年薪将由 36 万美元，减到 1 美元。大家的股份红利要取消，公司和股东们的红利各减一半。还有，经理们的工资要减少 10%。"

艾柯卡在会上对大家说。

这个念头在艾柯卡头脑中转了很长时间了。他明白，现在只有大家精诚合作，抱成一个团，省下每一分钱，用于生产，克莱斯勒公司才有重生的希望。可是，要让大家都采取合作的态度，只有一个办法，那就是他这个球队的"教练"以身作则，首先做出牺牲。

经理们没有人提反对意见，他们经常看报，知道克莱斯勒公司情况，只有这么做，可能还有一线生机，不然，等待公司的，只有破产倒闭。

艾柯卡的这个举动，让工人和材料供应商们看到了希望："这是个以身作则的人，跟着他，克莱斯勒汽车公司一定会走向光明。"

公司的经理股东们没有意见，艾柯卡又找到了汽车联合工会。

他要让工人们也减薪，与公司共担苦难。

这比较难。

因为工会一直认为，公司在剥削他们，工会组织认为，公司的管理者，都是寄生在工人血汗中的寄生虫。

"我想让工人们也作出一点儿牺牲。"

"混账，那你作出什么牺牲了？"

艾柯卡在路上想，这样的一幕是不会发生的，因为，自己已经把年薪降到了一美元，经理人员们的薪金也做了减少。

"如果他们还说我们是寄生虫，那么，我要对他们说，那好，现在你们看到了几条皮包骨头的寄生虫，你们还有什么话要说？"

艾柯卡暗暗地做了打算。

不过，事情非常顺利，艾柯卡成了工人们的朋友，他们拥抱了艾柯卡。

"你是个说话算数的人，你正在带领我们大家向好的方向奔。"

"不，不只如此。要知道，17 美元一小时的工人我有几千名，就是没有 20 美元一个小时的工人。这一点，我想你们头脑清楚一点儿，想清楚。如果你们采取不合作的态度，我只有明天早晨就宣布破产，使咱们全都失业。"

"没问题！"

工人们是那么通情达理，他们的工资立即每小时减少了 1.15 美元，后来达到每小时减少 2 美元。工人们明白，其实，无论是工人还是公司的管理者，大家是在一条船上，老板的薪金都减到了年薪一美元了，自己如果不做出一点牺牲，也太有点儿说不过去了。难道，真的想让公司破产、让自己失业吗？

虽然工人们的工资，较通用汽车公司和福特汽车公司每小时减少了 2 美元，但克莱斯勒经济紧张的情况并没有太大的改变。

克莱斯勒公司的退休工人特别多，公司必须为退休的工人支付退休金、医疗费用等等。原本是两个工作着的工人，支持着一个退休工人，这倒也没什么，可是，现在因为裁减人员，又让几千人退休，就出现了这样一种情况——93 名工人养着 100 名退休工人，不上班的人比上班的人还要多，现在已经不干活的人，要让正在干活的人养活。

"这和我没有关系，我又不能管我兄弟吃饭。"

工人们认为自己不应该负担这个费用。

艾柯卡对他们说：

"你们工会是建立在永远团结的基础上的，是你们提出了这些养老金

计划，而现在你们的兄弟们退休在家。现在汽车工业的前景不好，但是必须有人负责退休工人的费用！"

谈完话，艾柯卡又赶到另一家工厂。

"感谢大家在困难的时候，对公司的支持。情况好转，我们将设法让大家得到福特、通用公司员工一样的待遇。"

工人们欢呼起来，跑上台来，拥抱艾柯卡。

艾柯卡感到精疲力尽。太累了，每天都要和几百个人握手，还要和他们拥抱。

艾柯卡觉得，自己的体力像水一样，正在一点一滴地流走。

这不过是来自公司内部的压力。来自公司外部的压力，也要让艾柯卡来承担。

贷款保证中要求，克莱斯勒公司，要把股票所有权，交给工人一部分。美国的企业界人士对这件事竭力反对。

"这是在走向社会主义。工人拥有股票，你们开了个头儿，如果这样的话，所有公司的工人都要求这么做，会影响到所有企业的经营管理。"

"我关心的是，是炒股票的人对公司出力多，还是在生产线上的工人对公司出的力多？他们拥有公司股票有什么不对？"

艾柯卡反驳他们。

更让美国企业界惊讶的还在后面，艾柯卡把汽车联合工会主席弗雷泽请进了董事会，担任公司的董事。

在美国，企业管理层和工会，当时就像两个对立的敌人。工会是为工人争取权利和利益的，而企业却想着怎样减少成本开支，多挣钱。

"你不能这样做。你这是在把狐狸带进鸡窝。你疯了吗？"

不只是别的企业这么说，当艾柯卡宣布他的决定时，其他的董事会成员也纷纷叫起来。

"你为什么这样不自在？不管怎样，这对你会有好处。如果结果证明我错了，你就知道这种事不能做，也可以在俱乐部里谈论这件事，就说艾柯卡真是个饭桶。但是，要是我对了，那我就成了开路先锋，你会感谢我指引了方向，说不定你有一天会因此而发了大财！"

弗雷泽的确是个好董事，他明白如何谈判，什么是好交易，什么是坏交易。他的水平是一流的。对弗雷泽进入董事会，艾柯卡还有一个想法，现在这种情况下，我们有什么不能让工会和工人知道的呢？我们的想法难道和工会及工人们不一样吗？只有大家团结在一起，才能渡过难关。

"为什么欠银行 1 亿美元的时候，可以让银行家参加董事会，为什么可以让供应商参加董事会，而工人就不行呢？"

艾柯卡这样问反对这种提议的人。

更多的反对来自工会会员，他们认为，工会主席加入董事会后，会在金钱面前妥协，而不会再为工人们争取最大的利益。

艾柯卡只有这样向他们解释，公司赚了钱才能分享利润，才能提高工资。没钱的时候，这些想也不要想。

还好，虽然工人们不大懂艾柯卡的想法，但也接受了这个现实。

艾柯卡松了口气：大家抱在了一起，现在需要的是，大家把身上的每一分力气都使出来，使克莱斯勒这艘沉船完好如初，然后，破浪前行。

K 型 车

K 型车在艾柯卡来到克莱斯勒前，已经开始在设计之中了。

还是在福特公司的时候，艾柯卡和斯帕里奇就想设计生产 K 型车，但亨利不同意这个计划，之后不久，亨利就逼着艾柯卡把斯帕里奇解雇了。斯帕里奇到克莱斯勒公司，一直没有放弃研究 K 型车。

K 型车可以说是克莱斯勒的救命车。

K 型车是前轮驱动的，只用 4 个缸，结构坚固，外观漂亮。最有吸引力的，是它可以坐进 6 个人。

然而，刚开始的时候，由于向国会申请贷款保证、传言克莱斯勒公司即将破产等因素，美国人对这种车并不是太上心。

特别是贷款并不是一次付给克莱斯勒的，而是分成三次。这样，就给人一种错觉：他们已经有了 12 亿的贷款了，怎么还在向政府要钱啊。所以每取一次贷款，都使汽车的销量下降。

1981 年的年末，克莱斯勒公司又经受了一次考验。

公司的财务部长找到艾柯卡。

"我们公司只剩下 100 万美元了。"

艾柯卡抱住了头。

在汽车这个行当，如果只剩下 100 万美元，就像一个人的存折上只剩下了 1. 5 元钱一样。克莱斯勒公司，每天开支大约 5000 万美元，同这 5000 万作比较，100 万美元，就像是零用钱。

找供应商谈谈？让他们等两天再来取货款？不行，如果这样，就失去了信誉，失去信誉会让供应商有一种心理，克莱斯勒是不是要完蛋了？我的货款还能不能收回来了？而这样，就会使所有的供应商对克莱斯勒失去信心。

缓发工人的工资？工资每周按时发放给工人，也是不能拖欠的。不能让工人对公司失去信心。

"事先和供应商说明一下，我们迟几天付钱。"

艾柯卡对财务部长说。

财务部长出去了，艾柯卡暗暗地祈祷："上帝呀，我们需要卖出 1000 辆车换回现金，否则就赶不上星期四应该付清的 2800 万美元的账款了。或者赶不上星期五该付的 5000 万美元的工资了。"

一连几天，艾柯卡都是在祈祷中度过的，像魔术师一样，计算着哪笔钱可以缓两天，哪笔钱连一天也不能缓。

这时，广告公司的负责人敲门而入。

"我们想请你在电视上做广告。人们都以为，克莱斯勒定要破产，必须有人出来告诉他们，情况并不是这样。最适合的就是你了，因为你有名气，而且观众也知道，你做完广告还要去生产你宣传的产品，这样他们会更加信任这个广告是真实的。"

"不行，我哪有拍广告的时间呢？"

艾柯卡还有另一方面的顾虑：一是自己对电视中老板为自己的产品做广告并不喜欢，还有，怕被老百姓们认为，这是克莱斯勒在绝境中的最后一招，那可就坏了！

广告公司负责人看出了艾柯卡的担心。

"我们一定要告诉社会，克莱斯勒公司现在已经是个崭新的公司了。而让大家知道这个消息，最好的办法就是由新老板露面。所以，除了你，

没有人能做这个工作。"

无奈之下，艾柯卡答应了。

当他真的站在摄影机前，才发现，拍广告片简直是世界上最烦人的事。本来，艾柯卡喜欢动作迅速，可他发现，原来，拍个 60 秒的广告要花去十来个小时，就像你把一棵植物种到地里，眼睁睁地看着它长起来一样。

不过，有一点艾柯卡相当满意。

如请别的名人来做广告，酬金将是天文数字，但艾柯卡为自己的车做广告，十分的便宜，工作 10 个小时，拍了 108 次，全部的报酬不过是一份三明治和一杯咖啡。

广告进行得很顺利，艾柯卡刚开始时只有一句台词。

"我不要求你们毫不考虑就买我们的车，我只是要求你们作个比较。"

"如果你在买车时不考虑克莱斯勒的产品，那对你对我都太遗憾了。"

这些台词，都是在广告的末尾说的。

艾柯卡边拍边琢磨，是不是能有更好，更让人觉得自信的话，让人们看到克莱斯勒的希望呢？

"你们看，这句行不行？"

艾柯卡兴高采烈地对广告公司的人说。

艾柯卡摆好姿势，指着摄像机镜头说："假如你能找到一辆更好的车——去买吧！"这句话，艾柯卡说得信心十足。的确是这样的，K 型车，无论从技术角度，还是从实用、外观，都可以说是美国当前最好的小型车。

"好！太好啦！"

广告公司工作人员鼓起掌来，决定就用这句。

艾柯卡广告片越做越多，不过，还是这句话最为流行，许多人给艾柯卡写来信，说："我接受了您的建议，可是我走遍商场，找不到比这更好的车了。"当然，也有人说："我确实发现了一辆更好的车，但绝不是你们公司的车。"

这也是没办法的事，每个人的想法不同。

艾柯卡在电视上做的广告起到了效果，同时，1982 年，美国经济好转，汽车业也有了转机。到了 1982 年年底，克莱斯勒公司已扭转了亏损的局面，挣一些钱了。

新闻人物

人们早已从报纸上知道，艾柯卡在福特公司创下了一年赚 18 亿美元的故事，知道他是"野马之父"、"侯爵之父"，知道他被亨利·福特解雇，知道他登上了克莱斯勒公司沉船，知道为了沉船不沉不惜把自己的年薪减到一美元，知道他和国会之间的争论。如今，做了电视广告的艾柯卡更是成了他们议论的对象。

艾柯卡甚至不敢上街了。

如果他上街，会有 5 个人回头看他，6 个人拦住他，7 个汽车司机在车里大叫着："艾柯卡！艾柯卡！"

一次，艾柯卡在电梯里，一个女人走到艾柯卡面前，握着艾柯卡的手说："艾柯卡，我们以你为荣。坚持下去，你是一个真正的美国人。"

艾柯卡连声说："谢谢，谢谢。"

和艾柯卡在一起的一个董事，转回身来，微笑着对艾柯卡说："有了这些支持你的人，你不感到快慰吗？"

艾柯卡能做的只有点头了。

刚走到街上，一位小个子老太太又走到了艾柯卡面前。

"我知道你是谁。我是波多黎各人，才到美国没几年，但是我知道你在为这个国家做好事。你非常坚强，非常像美国人。"

如果艾柯卡想在饭店吃顿饭，就更了不得了，每过 5 分钟就有人过来和他说话。

"我的野马车还在跑呢！艾柯卡。"

"艾柯卡，不得了了，我的野马车已经坏了。"

……

有一些眼镜验光师，看广告时看到艾柯卡戴了一副眼镜，给艾柯卡写来信，说眼镜框是法国货，为美国汽车做广告，怎么能戴法国的镜框呢？

还有牙科医生写来信，因为艾柯卡笑时不露齿，就说艾柯卡的假牙有问题。艾柯卡回信，告诉他们，自己的牙都是真的，而且很健康。牙科医生竟说，只要做个矫治手术，把牙拔出来一点儿，或者把嘴唇削下来一块儿，就行了。总而言之，艾柯卡的牙有毛病。

艾柯卡对这类来信，简直不知该说什么才好。

艾柯卡发现，不知从什么时候起，在美国人的心目中，自己已经成了一名英雄。自己的一举一动，都被当做美国的象征。

也许是因为，艾柯卡在一个广告片中说过："让我们重新振兴美国吧！"1982年6月，《华尔街日报》头版头条新闻写道：

> 底特律的人们议论说，李·艾柯卡正在寻求一份公职，不是一般的公职，而是能满足他至高无上的伟大目标的公职。据说，艾柯卡——克莱斯勒汽车公司的董事长，想成为美国人民的总统。一个好莱坞的名星都能当总统，为什么一个底特律的汽车商不能当总统呢？！

当时的总统里根是演员出身，人们对艾柯卡寄予了厚望。

但艾柯卡并没有竞选总统的打算。

艾柯卡感到，在克莱斯勒这几年，夺去了自己无数的精力，在过去的那些年中，他同几百万人握手，参加了无数次的各种会议，以至于，在酒会上，连举酒杯的右手都抬不起来了。他觉得，自己不适合参与政界了。

不过，当总统里根请他担任自由女神像百年纪念委员会主席时，艾柯卡虽然在克莱斯勒忙得脚打后脑勺，还是答应了，而且为这件事感到骄傲。虽然，有些人说，艾柯卡说不想参加总统竞选，怎么还要担任这个差事呢？

艾柯卡回答他们："因为自由女神像是美国的象征、是自由的象征。"

每当艾柯卡看到自由女神像，就不由想起自己的爸爸，老尼克在12岁时，就是通过自由女神的脚下，踏上美国这片美丽的土地的。而且，大多数美国人，他们的祖先也是同样从自由女神像脚下，走进美国的。

修复自由女神像的工作，其实也是修复一种信念，修复美国美丽的未来。

玛利去世

1983 年的春天，慢慢地进入美国，四处生机，绿叶婆娑，花红柳翠。扑面而来的风，充满了温情。

克莱斯勒公司也有了转机，这一年，他们终于有了 9.25 亿美元的利润。

新股票也投入了发行。

原计划发放 1250 万股，但是根本不够，后来又增加了一倍，但还是被排着长队的人们一抢而空。这些股票市场价格达到了 4.32 亿美元，创造了美国股票上市第三位的纪录。

并且股票价格节节上升，涨到每股 25 美元，还没有停止，又进一步涨到了每股 35 美元。想想三年前，克莱斯勒公司的股票每股才 3.5 美元，对于涨到每股 13 美元连想都不敢想的时候，真是有些不可思议。

很快，艾柯卡还上了保证贷款的 1/3——4 亿美元。

他长吁了一口气。三年前，在国会接受质证时，自己所许下的诺言，全部兑现了。

可是还有一个沉重的事压在他的心头，那就是玛利的糖尿病更重了。糖尿病引发的心脏病，使她经常陷入昏迷当中。

1983 年 5 月玛利又一次昏迷不醒。

住进医院后，医生手忙脚乱地对她进行急救。

5 月 7 日，艾柯卡到医院去看望了玛利。玛利的病情还是没有好转，看着她精疲力尽地躺在医院的病床上，艾柯卡心痛地哭了。

回到家里，他还沉浸在悲痛中不能自拔。

他记得，当克莱斯勒公司处于即将破产的边缘时，玛利劝他："我爱你，也深知你只要立下志愿，没有办不成的事。但是这种山，实在太陡峭，做不到的事，不去做并不失体面。"

她是心疼他夜以继日地工作，为他的健康而担心啊。

想起当初他离开福特公司后，玛利还是像平常一样，每年都照常参加福特公司的年会。

"我为什么不去？我已经参加了好多年了，请不要忘记，我们是福特家族之外最大的股东呢！"

就是这么坚强的一个人，如今却躺在病床上，显得那么无助。

正是因为玛利，因为她想让人们更多地了解糖尿病，艾柯卡和她一起，在波士顿的糖尿病研究中心，设立了玛利·艾柯卡研究奖金。可是，如今，她却要被糖尿病夺去她的生命了。

艾柯卡想起，两个孩子10岁和15岁时，他曾祈祷，让玛利活到孩子们15岁和20岁吧，等真的到了15岁和20岁时，又祈祷，让玛利活到她们20岁和25岁吧。糖尿病极有可能在任何时候夺走任何年龄人的生命。艾柯卡不愿意玛利离开这个家，离开自己和她都深爱着的孩子们。

艾柯卡伤感地打开灯。

桌子上有一张纸条，上面写着，请他回到家后，给总统回个电话。后面是个稀奇古怪的电话台的号码。

艾柯卡以为是有人开玩笑，不过，还是按照电话号码拨了过去。

"噢，是的。我是交换台。总统现在在圣巴巴拉，我给您接通他的电话。"

看来，的确是里根总统给他来过电话。

电话接通了。

"请稍等，他在外面劈柴。"

电话里的声音告诉他。

两三分钟后，电话里传来里根总统气喘吁吁的声音。

"李，我给你去过电话。知道你已还清了4亿美元的贷款，我很高兴。我想这事儿太令人兴奋了。不过，这件事今天对我来说并不是最大的事。我听说，你夫人病得厉害，所以我刚才给你打电话，主要是南希和我想告诉你，我们要为她祷告。我们知道你此时的日子不好过，我们很记挂你。"

艾柯卡的眼睛湿了。

"谢谢。谢谢你们。"

可是，艾柯卡和朋友们为玛利做的祈祷，并没能挽留住玛利的生命。8天之后，玛利在医院停止了呼吸，去世时刚刚57岁。

办理完妻子的丧事，艾柯卡带着女儿去了一次百慕大，希望能通过旅行去除失去亲人的悲痛。可是，不行，在旅行中，时时刻刻都会想起玛利。原先，一家人出去旅行，是四个人，如今，只有三个了。

两个女儿失去了妈妈。原本，孩子们上学，玛利会给她们准备好吃的，会去学校同老师谈话，会为她们采购东西，会给她们补袜子……可是现在，没有妈妈了。

艾柯卡感到更是难以适应。每次出差，都是玛利给他收拾东西，艾柯卡甚至不知道衣服放在哪里，因为玛利替他安排了一切。

现在，他只能自己做这些了。

当然还有管家，可管家毕竟不是这个家里的人，她无法取代玛利在亲人们心目中的位置，能做家务的人并不意味着就是母亲就是妻子。

玛利去世后的第一个圣诞节，艾柯卡和两个女儿去了他们在佛罗里达的公寓。

站在公寓门口，艾柯卡看看女儿，女儿们也看看他，才发现，谁也没有带钥匙。

过去，都是玛利带着钥匙的，艾柯卡和女儿们只是站在那里等着她掏出来，打开门。现在，谁也不清楚钥匙到底放在哪里。后来，利亚配了十几把钥匙，但大家还是保管不好。

有一本书上说，当失去爱人时，最初 6 个月里，你会处于震惊当中，要用 3 年的时间才能适应失去亲人的悲痛。

艾柯卡深深体会到了这一点。

真的，足足 3 年，他和他的女儿们，才敢于回忆玛利的音容笑貌，能够开朗地谈论玛利和他们一起度过的每一个快乐的夜晚和周末。

还　债

1983 年 7 月 13 日，美国全国记者俱乐部里，洋溢着一片欢乐的气氛。艾柯卡将在这里向全国宣布，克莱斯勒公司，将比政府保证贷款期限，提前7年，把所有的贷款还清。这是一个特别有意思的日子，5年前，正是在这天，亨利·福特把艾柯卡解雇了。

"我们在过去的3年中，含辛茹苦，使今天这个日子更加有意义。克莱斯勒公司用老办法向政府借钱，今天，我们还清了。政府借钱给企业的经验很多，但是收回贷款的经验恐怕很少，我希望事先派一名医生跟我们一起去，免得在我们交出这么一大笔钱的支票时，有人昏倒，但是却没有人抢救。"

这是在玛利去世之后，艾柯卡最开心的日子了。

可惜的是，这一切，玛利再也看不到了。

克莱斯勒公司在纽约举行了一个隆重的仪式。

在仪式上，艾柯卡红光满面地把一张面值8.134875亿美元的支票，交到了银行代表手里。

这是艾柯卡自有生以来，看到的面额最大的一张支票。

纽约市的市长送给艾柯卡一筐苹果。

艾柯卡笑呵呵地接了过来。

"怎么样？"

纽约市的市长暗暗地点了点头。

这筐苹果里有个故事。在艾柯卡申请政府保证贷款时，纽约市的市长用一筐苹果和艾柯卡打赌，说，克莱斯勒公司不会比纽约市更早地还清贷款。

"如果我提前还清怎么办？"

艾柯卡问他。

"那我……"

"那你就输给我一筐苹果！"

"一言为定！"

如今，克莱斯勒公司的贷款已经还清了，可纽约市还欠着政府10亿多美元呢！这筐苹果，不用艾柯卡向他要，他自己就送来了。

艾柯卡又有了新想法，当时，美国已经很长时间不生产敞篷车了，因为政府对敞篷车有一系列的规定，汽车公司想，眼不见心不烦，干脆就不生产了。

艾柯卡决定试试。

作为实验，艾柯卡把公司的男爵车改成敞篷车，开到了街上。

不一会儿前边就有人伸手拦车。

"你开的是什么车？哪家公司造的？哪里可以买到？"

而当他们认出，坐在车里的就是常在电视上露脸的艾柯卡时，人们疯狂了，把艾柯卡和这辆车围在了中间。

艾柯卡认为，这不完全是因为自己，应该有一大部分的人，是因为这辆车才围过来的。

艾柯卡决定，这一次，不做市场调查了，就算不挣钱，也能出出风头，形成广告效应，只要收支平衡就行。

"只要当年能卖出 3000 辆就可以了。"

艾柯卡是这么预算的。谁知，敞篷车推向市场的当年，人们纷纷定购，竟然卖出去 2.3 万辆。之后，通用汽车公司和福特汽车公司恍然大悟，也推出了敞篷车。

不过，这次，他们都走在了克莱斯勒公司后面了。

1984 年生产的 T－115 微型客车，更是远远地走在了他们两家公司的前面。这种微型客车，比传统的旅行车大，比普通客车小，车内可坐 7 个人，前轮驱动，加上一加仑油，可以跑上 30 英里路。

模型车造出来后，艾柯卡和斯帕里奇看着眼前的车，心里的感触实在是太深了。要说微型客车，那也是他们在福特公司时的想法。当时，艾柯卡和斯帕里奇在第一次能源危机时，研究着要造一种车，也就是微型客车的原型。

当时艾柯卡经过调查发现，要把这种车的踏板设计得尽量低些，好让穿裙子的妇女方便上车，而且车身要矮些，以便普通的车房就可以停放；再就是车要有个鼻子，容纳发动机，也可以在发生事故时，有撞击的空间。那么这种车投放市场后，也就是 1974 年，可以卖出 80 万辆。

艾柯卡兴冲冲地拿着研究报告，去请示亨利。

"算了吧，我可不想搞什么试验。"

"不搞试验？野马就是试验出来的，马克三型也是试验出来的。这种车将会是另一次成功！"

"不，我说了，不搞这种车。"

其实，当时艾柯卡心里只有一个想法，那就是通用汽车公司太强大了，既然比它弱小，那就不能和他们同步走，而是要抢先一步，不然，就永远没有翻身的余地。

没想到，艾柯卡和斯帕里奇在福特没有做成的车，在克莱斯勒生产出来了。

没有人了解艾柯卡的心情。当新车生产出来时，艾柯卡开着车，不断在试车场上转着，几乎不想停下来。所有人都认为，艾柯卡太喜欢这种新车了。只有斯帕里奇眼里含着泪花，看着发了疯似的在场上转来转去的艾柯卡，他明白，艾柯卡在福特公司受到的委屈太多了。

微型客车上市后，许多杂志做了封面专题文章，称它为一年中十大最具创意的产品之一，不久，便销售一空。福特公司和通用汽车公司，继艾柯卡之后，也相继推出了微型车。

艾柯卡笑着对斯帕里奇说："还有比模仿更好的赞美了吗?"

斯帕里奇听了艾柯卡的话，也不由得笑了起来。

自　传

1984 年，艾柯卡的自传出版了。原本他没想过，把自己再一次摆放到大家面前。

自从克莱斯勒起死回生后，艾柯卡感到自己已完全暴露在公众眼前了，没有了一点点隐私。但是当出版商向他提出这个要求时，他坐在家里的书桌前，往事一幕幕地从眼前流过，感到有些话现在的确要说一说了。

至少，出一本书，对妻子玛利也是一种纪念。

他拿起笔，在纸上写下了这样一行字："献给我亲爱的玛利，为你的勇气和对我们三个人的奉献。"

他刚被福特公司解雇时，玛利安慰他说："把一切都记下来，也许，以后你会写一本书，能用得着。"玛利说得对极了，原先记录下来的东西，现在都用上了。

艾柯卡想到，自己被福特公司解雇后，引起社会上许多人的关注。电视台在晚间新闻节目中。说：

这简直是在读关于汽车行业的一部惊奇的小说。

《纽约时报》的头版头条说：

> **还是推销**
>
> 这次"推销"的将是他的管理经验和他的思想。晚年时的艾柯卡，还是做推销工作，不过，

这是福特公司有史以来，最富戏剧性的一次大改组。

想到当时汽车新闻的社论：

艾柯卡在福特公司年薪近百万美元，从任何标准来看，他的每一个铜板都是受之无愧的……本行业的最佳球员，如今成了一个自由人了。

还有一位专栏作家，写了篇文章，说：

这件事想起来真有点毛骨悚然，福特公司在美国如此之大，它可以影响每一个人。看来，这家公司是在一个蛮横无理的人控制之下的，此人不对任何事负责！

另一位专栏作家写道：

亨利是一个 60 岁的更年期少年……如果世界上像艾柯卡这样的人，职业都没有保障，还谈得上你我之辈吗？

文章大都辛辣，让受到不公平待遇的人，感到痛快。

可是，这些都改变不了自己和家人受到的伤害。

玛利对他说："你怎么不把真相讲出来呢？如果你说了，我会把亨利撕成碎片！"

艾柯卡却有自己的想法。

在商业领域中，最大的报复，只有在市场上才能够实现。

而亨利对艾柯卡却并没有放手。他向报界说，所以解雇艾柯卡是因为他不讲礼节，而且，因为他是意大利移民，可能还和黑手党有一定的关系。

这篇报道出来后，艾柯卡有天夜里接到一个电话。

"如果报上刊登的东西属实的话，我们要对那个一无是处的混蛋采取行动。他毁了你一家的名声。我告诉你一个电话号码，只要你招呼一声，我们就打断他的四肢。这样我们会觉得舒畅一些，你也一定会有同样的感觉。"

电话里的人，说话带有意大利口音。

艾柯卡可以想象得到，如果亨利知道这个电话，会是怎样地冷汗直流。

"不，谢谢。我不喜欢这种做法。如果你们真的这么做了，我也不会感到愉快。"

艾柯卡拒绝了他们的好意。

然后是到了克莱斯勒公司后的起伏拼搏。

艾柯卡和亨利·福特也见过一次面。

那天，艾柯卡和玛利参加《新闻周刊》举行的晚会，因为玛利的身体不舒服，艾柯卡一直陪着她，坐在一边。

忽然，艾柯卡发现，亨利和他的妻子正向这边走过来。

艾柯卡最怕遇到这样的场面，他不知道，喝了酒之后的自己，会不会揍亨利·福特一顿。私下里，艾柯卡曾无数次地设想，再见到亨利，一定要以牙还牙。

艾柯卡向亨利点了点头。

艾柯卡猜想，亨利会有三种举动。可能会点点头，打个招呼，然后走入人群中。也可能会走过来，说几句话，握握手，表示一切都已经过去了。最大的可能是，什么表示也没有，转身就走。

果然，亨利唉呀了一声，拉着妻子，转过身，匆匆地走了。

这是艾柯卡最后一次见到亨利·福特。

随着克莱斯勒的起死回生，K型车和微型客车上市，无情地将福特公司的市场吃掉了一大块。在艾柯卡看来，自己已经完成了对亨利·福特的报复。

当年被克莱斯勒解雇的工人又回到了工厂。

1984年的11月，艾柯卡来到密执安的公司装备车间，准备为敞篷跑车举行揭幕仪式。

看到他走进来，二千多名工人沸腾了，他们大声喊着："李！李！李！李！"工人们是那么爱他这个老板，看到他是那么的激动。

正是艾柯卡让他们重新回到了工厂。

艾柯卡的眼角湿润了。

还有什么比这种尊敬更让人激动？公司在最艰难的时候，解雇了他们，一切好转后，又让他们回到了公司，他们不但对此毫无怨言，还是如此心存感激。艾柯卡一直对他们有一种愧疚的感觉，而这些可爱的工人们，却是如此爱戴着他！

艾柯卡开始了自传的写作，他要把这一切都告诉给大家。

没想到，自传出版后，成了美国1985年和1986年最畅销的书，很快出现了18种文字的译本，发行量达到650万册。

艾柯卡这个名字，更加深入人心。无论他走到哪里，都会被那里的人包围，人们争着和他打招呼，要他签名。

因为，人们从他的自传里更加了解他了，他的坚定、自信、果断、对待困难的勇气就是一种勇往直前的美国精神，而他的经历让所有读过这本书的人，都从不同角度，明白了如果想取得成功，应该具备什么样的品质。

修复自由女神像

艾柯卡除了在克莱斯勒做老板，还有两个身分，自由女神基金会主席，这个基金会负责为修复自由女神像筹款；另一个是自由女神像百年纪念委员会主席，负责如何花费钱款。

艾柯卡的这两个身分不挣一分钱的工资，因为，对于修复自由女神，艾柯卡完全是志愿的义务工。

作为志愿者，艾柯卡为修复自由女神像工作了4年。

谁会想到，他又一次被解雇了。

那天上午，财政部长交给艾柯卡一张2400万美元的支票，这是财政部利用出售纪念币，筹到的全部捐款。

"由艾柯卡先生英明领导的修复自由女神像的工作，是美国志愿主义的典范。"

财政部长面对着面前的无数麦克风说。

　　然而，就在当天下午，内政部长就给了艾柯卡一纸通知，停止了艾柯卡纪念委员会主席的工作。

　　艾柯卡的妈妈听到这个消息，感到十分惊讶。

　　"发生了什么事？我的意思是，这是感激吗？政府就用这种方式来对待你吗？你成功了，他们就解雇你。如果你把工作弄得一塌糊涂，他们又会怎么样呢？"

　　这里面的原因很难一下子说清，艾柯卡只有苦笑。

　　但无论怎样，他的志愿者身分是无人可以解雇得了的。他还是要为自由女神像的修复而工作，在艾柯卡看来，修复自由女神像是每个美国人都要尽力的事。

　　直到此时，他才真正地感受到，爸爸为什么在他 5 岁和 11 岁时，要带他去看自由女神像了。

　　自由多么神圣，而作为一个美国人又是多么骄傲！

　　他记得，刚开始筹款时，艾柯卡只有一张捐赠的桌子和一把椅子。然而很快，他发现，一切是那么顺手。

　　一天上午，一位先生走进艾柯卡的办公室："艾柯卡先生，我到这儿来，是为了给你一张支票。"艾柯卡接过来，发现支票上是 100 万美元。"我可以把这张支票给你，但有个条件，你不能把我的名字透露出去。"

　　这个人小时和母亲一同来到美国，富裕了，他想报答一下这个国家，也用此来纪念他的母亲。

　　新泽西州一位老人，寄来了 1000 美元。

　　艾柯卡给他写了一封感谢信。

　　不久，这位老人又寄来一张 5 万美元的支票。艾柯卡给她打了电话，对她表示感谢。老人很高兴："你们真好。"又分别寄来了 3 张支票，一张是 2.5 万美元，一张是 5 万美元，另一张是 7.5 万美元。

　　艾柯卡还收到一位 80 多岁老人寄来的 1 万美元的支票，在信中，这位老人说，他要求免费得到一本艾柯卡的自传，因为在图书馆要两个月才能拿到。

　　还有学校里的孩子们，他们把零用钱都寄了来，有一个孩子寄来一块钱，他在信里对艾柯卡说：

亲爱的艾柯卡先生，这是我这星期的零用钱，请把钱用到正地方。

四年的时间里，艾柯卡一共筹集到了 3.05 亿美元，比预定的多出 7500 万美元。

1986 年 7 月 3 日，自由女神像修复庆祝会终于召开了。

那天艾柯卡介绍了里根总统。然后，里根总统讲了几句话，转过身，凝视着纽约港口，按下了发射激光的按钮，光束慢慢地照亮了自由女神像。

里根总统按下另一个按钮，自由女神的火炬重新燃烧起来，同时，一个 100 人组成的交响乐队和 500 人组成的合唱队唱起《美丽的亚美利加》。

无数的烟火在港口上空爆出美丽的火花。

艾柯卡又一次想到了爸爸尼克。爸爸走过自由女神像时，刚刚 12 岁，现在自己已经 60 岁了……大女儿凯西，过几天就要结婚了，美国的另外一代人，即将诞生。

艾柯卡是带着妈妈来参加庆祝活动的。妈妈的身体还很硬朗，在赛艇上，跑上跑下，一会儿又从赛艇上跑到游船上去。

她太高兴了。

艾柯卡只有跟在妈妈身后，陪着她东看看西转转，累得气喘吁吁。

艾柯卡不在乎，他很长时间没看到过妈妈这么高兴了。

"那是什么？"

"噢，妈妈那是……"

"那么这个呢？"

妈妈就像个孩子，问来问去。艾柯卡不厌其烦地向她解说。

"嘿，瞧瞧，艾柯卡和他的妈妈在一起。"有人在背后说。艾柯卡根本不在乎，还有什么比和自己的亲人在一起，共享天伦之乐更重要呢？

艾柯卡不明白，为什么会有这种情况，爸爸妈妈把孩子带到人间，不辞辛苦地把他们抚养长大，可是，他们长大了，却对爸爸妈妈不理不睬了。

一般情况下，在爸爸尼克在世时，艾柯卡都会和爸爸妈妈一起吃饭，或者共度节日，有时还会和他们一起去旅行。

有一次，艾柯卡出差到加利福尼亚去，特意邀请爸爸妈妈一同去，他们还从没去过那里呢。

路上，爸爸妈妈看到有的孩子竟然留着长发，非常震惊。

妈妈还买了一些手工艺品，一直珍藏着，没事的时候，经常拿出来，回忆这段往事。

爸爸去世后，艾柯卡更加珍惜和妈妈在一起的日子。

虽然妈妈的身体很健康，但和妈妈在一起的每一分每一秒都是那么珍贵。

艾柯卡感到，爸爸和玛利都已经去世了，对其他亲人的爱更要及时。

永远的母亲和短暂的婚姻

"不行，别买了，我们现在的日子已经不错了。"

这是1987年3月的一天。这天，艾柯卡召开了高级管理人员会议，商议表决是否应该买下美国汽车公司。

结果，几乎所有的人都反对艾柯卡这么做。

等大家都发完言，艾柯卡否决了他们的意见。

"你们的年纪太大，已不适合再干下去了。你们现在力求安稳，可能还有点儿傻气！"

艾柯卡对他们的发言感到生气，现在克莱斯勒公司虽然站稳脚跟了，可是，中间还是出现过几次松动。作为一个人，如果在稳定的情况下，不继续向自己挑战，那么就会走下坡路。作为一个公司同样如此。

艾柯卡认为买下美国汽车公司对克莱斯勒很合适。美国汽车公司有三个优势，一个是具有世界著称的吉普车牌号和产品，有克莱斯勒可以依靠的销售机构，还有加拿大境内的现代化工厂。

美国汽车公司还是在艾柯卡的坚持下买下来了。

可他还是感到不自在：怎么现在大家说的话，和自己的母亲那么相像呢？

妈妈已经84岁了，自从爸爸去世后，一直坚持一个人生活在意大利的家乡。

她的身体一直很好，以至于到医院检查身体时，护士由于她不听话，没有把假牙摘下来而生气。不过，这点不怨妈妈，她之所以不拿下假牙，是由于她根本就没有假牙。她的牙齿都是她自己的。

她唯一的毛病，不过是有点耳背。

艾柯卡自认为是一个非常优秀的推销员，可是，他却无法劝妈妈配上助听器。

"美国总统都有一个助听器，你为什么不也来一个呢？"

艾柯卡连这样的话都说了，但妈妈就是不为所动。

"助听器，那是老人才戴的。我戴了，不就说明我老了么？"

艾柯卡对妈妈毫无办法。

每天艾柯卡都要给妈妈打个电话，如果有一天因为特别忙，没有打这个电话，那么第二天的第一件事就是给妈妈打电话。要是两天没打电话，妈妈就会认为是艾柯卡得了重病，或者是被绑架了。

有时艾柯卡去看妈妈，妈妈还是把他当成 14 岁的孩子一样，给他做小时候爱吃的东西。

每次去看她，妈妈总有一些忠告。她担心艾柯卡有一天真的去竞选总统。

就在克莱斯勒公司宣布购买美国汽车公司那天，艾柯卡又去看望妈妈。

"你为什么要买别人的破烂？你要它干什么？情况难道不妙吗？"

妈妈说的，和公司里的那些人几乎一样。

"嘿，妈妈，你知道，爸爸常说，如果什么都不干，你就会落后的。"

"对，没错，但你一直都在拼命干。你可以稍微放松一下。记住，你爸爸还说过，要找个时间闻闻玫瑰花的香味儿。"

现在公司的管理人员，竟然不及妈妈想得更好。

艾柯卡定下了新的目标："占领 15% 的小汽车市场，25% 的卡车市场。这个目标达到后，我们再制定新的目标。"

艾柯卡明白，现在就像在爬楼梯，必须为大家找到向上的另一个台阶。

不过，就像妈妈所说的，他也的确考虑过自己的生活。两个女儿都成了家，家里只剩下自己一个人。后来，他结婚了，可是，就在他收购了美国汽车公司之后，他又离了婚。

他的第二任妻子佩吉，是在他为自由女神像修复工作筹款过程中认识的，只有 36 岁，而艾柯卡已经 60 多岁了。

佩吉的热情和大方得体吸引了艾柯卡的注意，而佩吉也为艾柯卡迷人的风度着迷。只是有一点，艾柯卡年龄比佩吉大了近一倍，而且艾柯卡认为，在自己这个年纪，不能再要孩子了。但这对佩吉显然不公平，因为他有两个孩子，而佩吉却没有。

佩吉考虑了很长时间，同意了艾柯卡的提议。

对他们的婚事，许多人来信表示支持。

"不要让年龄差距使你感到烦恼，我 82 岁了，可我的妻子 30 岁，如果你真心爱一个人，真正尊重她，不要在乎年龄。"

人们的支持，让艾柯卡对自己的婚姻有了信心。

1986 年 5 月，艾柯卡和佩吉结了婚。

佩吉心肠好，热情开朗，与人为善。他想，佩吉是能够和自己共度余生的。

这时，玛利去世已经 3 年多了。

可是，过了蜜月之后，艾柯卡和佩吉产生了分歧。艾柯卡的家和事业都在底特律，但佩吉坚持只在纽约住。没有比这更可笑的了，艾柯卡感到，这简直不可思议，自己已经结了婚，可是，还是一个人住在底特律。

而且，艾柯卡的两个女儿也难以接受佩吉，在她们心里，妈妈只是玛利，而不是这个跟她们只相差十几岁的佩吉。

艾柯卡只好告诉佩吉，要不然搬家，要不然只有离婚。

佩吉不搬家，她提出了离婚。

妈妈听说艾柯卡竟要离婚，感到难以接受。

"你对你的婚姻考虑不够慎重。你再好好考虑考虑，仔细考虑考虑。"

"妈妈，你说得对极了，可是，如果我们还是住在两个城市，还有什么好考虑的呢？"

1987 年 11 月 19 日，艾柯卡和佩吉离婚了。

对这段短暂的婚姻，艾柯卡感到十分遗憾。他真心地爱着佩吉，而佩吉也不能说不爱他，原本想一同生活，在佩吉的陪伴下共度晚年。谁知，由于两个人的生活轨迹的不同，却落得一个这样的结局。

走出法院的大门，冬天的风吹来，艾柯卡感到，一股凉意透入骨缝。

又一个冬天来了。

拒绝竞选总统

艾柯卡的自传出版后，接到了 7 万多封读者写给他的信。

每天，在他的办公桌上，除了公司的各类报告报表、备忘录，大多是这些热情读者的来信。

这些写信的人，千差万别，做什么的都有。大多是这样开头的：

亲爱的李，我想这是你收到的最奇怪的信，但是我就是想给你写……"

艾柯卡每拆开一封，读到这里都会情不自禁地微笑：如果是 7 万多封信，就不会是最奇怪的了。

其中有一个加拿大的妇女写信告诉艾柯卡，她给她新出生的女儿，取名叫李·艾莉卡，还随信寄来了婴儿的照片。艾柯卡拿着照片，对着镜子看了半天，肯定这个女孩儿的确和自己没有任何相像的地方。

还有一封信是司法部驻圣昆迁监狱的首席执行官写来的，信中说：

你的专业本领和管理方法对我们也很适用，谢谢你的这些妙法。

艾柯卡连忙把这封信藏了起来，生怕手下的那些经理们看到。

我公公已经 82 岁了，双目已经失明，患有失血性心力衰竭。每天，我们把你的书读一章给他听，这是能使他高兴的几件事之一。"

这是一封孝顺儿媳的来信。

你能够管理好美国最大的公司之一，我相信我也一定能克服掉这个恶习！

这是一个因吸毒而关在教养学校里的少年的来信。

我不像大多数人那样看这本书，而是大声地，一字一句地读给我的女儿听。她患有先天性复合癫痫病，随时可能发作，终生住院，没有生活的愉快。她的生命不会太长，而且大部分时间，她都将在痛苦中度过，但她至少还有少许缓和的时候，这样我就可以让她知道你。

这是一位患者的父亲写来的。

同时，艾柯卡还收到了很多礼物、帽子、风衣、头巾、领带……

其中有一盒印有艾柯卡头像的巧克力。送这盒巧克力的是个精神病医生，艾柯卡每当吃这些巧克力时，都感到极痛苦。

这可是在咬自己的脸啊。

《人民》杂志搞了一次调查，题目是，如果可以借别人的大脑使用一天，会借谁的。调查结果表明，爱因斯坦排在第一位，之后是肯尼迪、里根、艾柯卡、上帝，还有爱迪生。

而高夫斯特里姆公司的老板用艾柯卡的名字命名了一匹赛马，这匹马将参加赛马大会。

"如果不出差错，那就是我的运气了。"

艾柯卡开玩笑地说。

"不会出差错的，这匹马，我花75万美元配的种。"

那个老板十分肯定地说。

艾柯卡实在是无话可说。他告诉他的朋友们："赛马比赛时去看吧。为'我'疯狂地喝彩，或者希望'我'折断一条腿。"

艾柯卡收到的7万多封来信中，有1万封劝艾柯卡参加总统竞选。

其中有两封来自罗斯福家族，一封来自洛克菲勒家族。

这两个家族的资产在美国相当庞大，如果他们给予资金支持，一切竞选费用都不成问题了。

包括工会和各类协会，也都来信，问艾柯卡是怎么想的，是否会参加竞选。

其实，早就传出这样的风声了，以至于当时美国副总统布什访华时说："如果我明年参加竞选，我最强有力的竞争对手，将是李·艾柯卡。"

支持艾柯卡的选民们还为艾柯卡组织了两个竞选委员会。

为艾柯卡准备了竞选徽章，上面写着"让1988年成为艾柯卡的时代"、"我赞成艾柯卡"。还有人为艾柯卡准备了不下6种特大的张贴画，其中有一种是淡黄色带荧光的，上面宣扬着1988年，艾柯卡和纳恩必胜。

这个国家给了你这么多东西，你应该报答它。

我们需要一个企业家来管理国家。

这是一个转折的时代，你要把握好它。

这是你的天数。

……

各式各样要求艾柯卡参加竞选总统的言论、行为，迎面向艾柯卡扑来。艾柯卡觉得必须制止这一切了。

艾柯卡回复了上万封信，四处发表演说："我不参加竞选总统。"

可是，他发现，自己越说不参加竞选，人们就越以为他要参加。艾柯卡引用艾森豪威尔的话："如果被提名，我不接受。如果当选，我不就职。"人们更加认为他会参加竞选，因为艾森豪威尔将军下面还有一句话，"除非被任命，我才当总统。"我的天啊，他实在不知该怎么向人们解释了。

"我不是一个政治家。"艾柯卡只好这么说。

这一下，人们更是欣喜若狂——我们就需要这样一个人来做我们的总统！

面对大家的热情，他感到自己不能不认真对待这个问题了。

在决定前，艾柯卡对历届总统作了一番研究。

汤姆斯·杰斐逊说："我对这个职位很厌倦，再做不出什么成绩来了——它除了带来越来越多的单调外，别无其他。"

亚当斯说："我的一届任期刚刚到一半儿，我就感到办公室的气氛太压抑，我简直无法再坚持两年……如果要我再连任一届，我一定活不过下一年。"

而另一位总统说："4 年的脑力消耗，使我今后的生活失去活力。"

……

另外，艾柯卡的妈妈和女儿们也不赞成他竞选总统，她们了解他的性格，知道他担忧的事情太多。

艾柯卡在一张纸上列出参加竞选和不参加竞选的理由。

他发现，自己不应该在晚年改变职业。自己对汽车行业很熟悉，花了40 年的时间才掌握了它，但是技能不可能转换，对汽车的熟悉并不代表对政治熟悉。无论是政治还是其他的行业，只有对它充满热情，才能干好，而艾柯卡发现，他的热情已没有那么高了。

最后，艾柯卡毫不迟疑地放弃了竞选总统，放弃了为他深爱着的美国效劳的机会。

"我还是做我的老本行吧，从事我的汽车工业。"

艾柯卡对人们说。

不过，他却又重新做起了推销工作，这一次，他不是推销汽车，而是告诉人们，他对人生、经济、教育，对一系列问题的思考。

推销 21 世纪

一段时间以来，艾柯卡购买了美国汽车公司、兰伯洛尼公司、麦瑟拉第公司的一部分，还买了一家航空公司。接受了数个荣誉学位，做了无数次演讲，把两个女儿嫁了出去，又为自己的婚姻忙了一段。

终于有了一小块儿空闲，使艾柯卡可以详细地计划他的老年生活。

这是他的习惯。

他设想，要是自己离开了克莱斯勒公司，公司决不会因为自己的离去而破败下来，只能是比自己在时更好。他设想着，自己在收拾办公桌时，不会对这里恋恋不舍，因为恋恋不舍，所能产生的效果，只有更加失落。

可能自己的确会有些不习惯，管理一家大公司时，身前身后，都有人侍候着，甚至连汽车的汽油都会有人替你加满，车脏了也会有人清洗，但退休之后，就再也没有人理睬他了。自己可能会到一个山清水秀的地方，打打高尔夫球，游泳休息……想到这儿，艾柯卡笑了，自己不可能这样的，自己早已习惯了工作。

不过，放慢些速度就是了。

听别人说，一个人坐飞机飞了 210 万英里，就会出现大灾难，自己现在早就达到这个里数了，所以坐飞机的次数必须有所减少。

不会再去爬山，或者去征服世界，如果是座小山的话，那绕过去就行了。

艾柯卡设想，自己可以回到自己的母校——利哈伊大学，那里有一所以他的名字命名的学院。也许，可以到那里去教书，和那些精力充沛、朝气十足的大学生们在一起，和他们一同体验真正的生活。

有一个问题，可能几乎所有的学生和年轻人都要问他，那就是，艾柯卡最崇拜谁？谁才是艾柯卡心目中的英雄？！

艾柯卡在他的自传续集中，回答了他们。

在自己成长过程中心里的两个英雄，一个是达·芬奇，他是个意大利人，不但是个画家，画出了蒙娜·丽莎的微笑，还是个科学家，设计了飞行器、喷气推进器，还设计了降落伞。同时，他还是解剖科学的先驱。

小的时候，艾柯卡读过达·芬奇的自传，正是达·芬奇使他第一次认识到，一个人可以成为他所希望成为的伟大人物，只要用自己的双手和心灵，就能够做到。

另一个英雄也是个意大利人，乔·迪马吉奥，他是个棒球运动员，也是意大利人，正是由于他，艾柯卡才没有被意大利移民的孩子这个称呼吓倒，没有消沉下去。

艾柯卡终身崇拜的另一个英雄是本·富兰克林。他大半生也是住在意大利，虽然他并不是意大利人。富兰克林不但是个思想家，还是个实验家和实干家。

也许所有的人都听说过，富兰克林在暴雨中，把风筝放上天空，证明他关于电的理论的故事，还有他的电动印刷机的故事。不过，要是翻开《大不列颠百科全书》，富兰克林这个名字，在许多地方都出现过。哲学、文学、科学史、包括气球驾驶和国际象棋，因为是他使国际象棋在美国东部 13 个州流行开来的。在教育这个词条下，你会发现，富兰克林创办了一个文学院；在图书馆这个词条下，你会发现，他在美国东部 13 个州开办了第一家图书馆；在保险这个词条下，是他建立了美国第一家火灾保险公司；而火的条目下，你会发现，他创建了第一家消防公司……

他还开创了"自传"这种文学形式。

还有两个，一个是美国总统杜鲁门，艾柯卡认为，他是所有美国总统中最伟大的一个，因为他坦率地向群众讲话，而且使用老百姓的语言。再有，就是他精力充沛，性格直率，办事非常果断。最重要的是，他是人民的总统。

还有温斯顿·丘吉尔，因为他是演讲天才，而且不只是具有良好的口才，还是个领袖人物，是真正具有"英国的胆量和勇气"的人物。

"所有的这些人，在压力下，都相当冷静，显得极有风度，而且不把自己看得太重。"艾柯卡想，他会这样对自己的学生们说，"但是，也要学会发火，要记住，只有愤怒的人才能改变事情，要学会说，'不，我不同意，我就是不同意这个意见！'"

当然，要这样愤怒，前提是你已经有充分的证据证明，你的想法是对的。

至于怎样成功，艾柯卡想，自己能告诉他们的，只有靠自己的奋斗，尽量争取读书，受良好的教育，不要只是站在那里不动。虽然成功不是轻而易举的，但只要你肯努力，你就会惊奇地发现，只要你想得到，就一定能够办到。

就像艾柯卡自己，他现在的成功也不是侥幸，而是奋斗了整整 40 年才得到的。

最后，还要告诉学生们一些什么呢？

"从我的一生，我懂得了一个亲密无间的家庭，可以给人以力量；懂得了，只要奋斗，即使环境不好，运气不好，也不能绝望；懂得了世上没有免费的午餐，只有辛勤工作，才能达到你的目的。最后，你会大有作为。

艾柯卡想，我能告诉我的学生们只有这么多了。

成功没有捷径，也没有窍门，每个想要成功的人能做的，只有抓住机会，然后，按自己的计划，开始努力。

公元纪年	年龄	记事
1924		10月15日，出生于美国阿伦敦，父亲尼克是个移民到美国的意大利商人。
1931	7	入阿伦敦斯蒂文斯学校读书。
1933	9	在斯蒂文斯学校读三年级，在同学的嘲笑声中，知道了自己和同学们不同，是个意大利人。
1939	15	一场风湿热病几乎夺去他的生命，休学6个月。
1941	17	考入美国利哈伊大学机械工程系，后转入工业工程系，学习商业课程，4年级时还学习心理学课程。
1945	21	福特公司招工，被选中，同时入普林斯顿大学研究所，攻读硕士学位。
1946	22	8月进入福特公司，接受培训。
1947	23	5月转行做销售工作。在福特公司的宾夕法尼亚州切斯特销售处，做职员。
1949	25	任福特公司宾夕法尼亚州威尔克斯勒地区经理。

公元纪年	年龄	记事
1956	32	启动"56元换56型车"促销计划。被提升担任福特公司全国卡车销售经理,和玛利结婚。
1960	36	3月担任福特公司全国卡车销售经理和小汽车销售负责人。11月担任福特公司副总裁和福特部总经理。
1961	37	组织设计"野马"牌小汽车。
1964	40	美国掀起一股"野马"的热潮,"野马"牌小汽车一时供不应求。
1965	41	担任福特公司轿车和卡车系统副总经理,负责福特部和林肯——默库里部两个部门的轿车和卡车的计划、生产和销售工作。
1970	47	12月担任福特公司总经理。
1978	55	10月亨利·福特决定将李·艾柯卡辞退。11月,出任克莱斯勒汽车公司总经理。
1979	56	9月出任克莱斯勒公司总裁和总经理。

公元纪年	年龄	记事
1980	57	艾柯卡为保证克莱斯勒公司的生存,向美国政府申请贷款保证,同时为节省开支,解雇工人,对管理者和工人进行减薪,自己的年薪降至一美元。
1982	59	5月18日,义务为美国自由女神像修复工作担任伊利斯岛百年纪念委员会主席。
1983	60	7月13日,艾柯卡将12亿的政府贷款保证全部还完。妻子玛利因糖尿病并发症,于1983年5月15日去世,时年57岁。
1984	61	艾柯卡自传问世,这本书成了美国1985年和1986年最畅销的书。
1986	63	5月,艾柯卡与较自己小近一半年龄的佩吉结婚,这场短暂的婚姻只持续了一年多,1987年11月,二人离婚。
1988	65	出版了自传续集,对自己的企业管理经验以及对经济和生活的观点,做了进一步阐释。